Unsfisch-Verlag 2012

Layout, Typographie und Bildbearbeitung: Elisa Kröger

Texterfassung und Scans: Günther Kröger

Titelbild: Hans Richter, Dipl.- Gebrauchsgrafiker

Fotos: Alle Rechte beim Verlag

www.rostocker-hochseefischerei.de

Druck und Bindung: **HB PRINT, s.r.o. Cheb CZ**

www.hbprint.cz

Tel.: 00420 354 408 828

ISBN: 978-3-9812869-4-6

Günther Kröger

Fantasie oder WIRKLICHKEIT

Unsfisch
Verlag

Günther Kröger

Fantasie oder Wirklichkeit

Riesenkraken attackieren die Besatzung eines norwegischen Angelkutters

Unsfisch
... Verlag

Inhalt

Prolog	9 - 11
Jahn und die Geschichte seines Urgroßvaters	12 - 13
Riesenkraken attackieren die Besatzung eines norwegischen Angelkutters	14 - 76
Beobachtungen mit der Fantasie unserer Vorfahren	77 - 89
Lebensraum der Riesenkraken und Riesenkalmare	91 - 93
Riesenkraken - Riesenkalmare	94 - 104
Riesenkraken und Riesenkalmare bewahren ihre Geheimnisse auch in der heutigen Zeit	105 - 111
Nachgesang	112 - 113

Prolog:

Es waren Träume und Wünsche, die in mir die Sehnsucht nach den Meeren weckten - damals, als ich noch ein Junge war. Die Wünsche erfüllte ich mir, die Sehnsucht und die Liebe zum Meer hielt ich immer wach, sie habe ich in meinem Herzen erhalten. Warum soll es nur mir so gehen, ist es bei Ihnen etwa anders? Bestimmt verstehen Sie mich, teilen meine Gedankenwelt. Ich habe mit meiner ganzen Lebenskraft das Meer fest und tief in mein Herz geschlossen. Es gehört einfach zu meinem Leben und ist in meinem Bewusstsein fest verankert. Schon ein Blick über das Meer zum Horizont ist für mich ein Schauen in die weite, grenzenlose Ferne, in die beinahe Unendlichkeit. Fasziniert uns Menschen nicht immer wieder das phosphoreszierende Leuchten der See oder das wilde Tosen der Wellenberge? Wie oft erlebten wir, wenn ein Sturm aus dem Meer aufstieg, dass die Seen mit urwüchsiger Kraft auf uns einstürmten und oftmals unser Schiff bedrängten - dann wieder das verführerische, spiegelglatte Meer, ruhig und sanft vor sich hinträumend, friedlich und still. Welch beeindruckendes Schauspiel für uns Menschen.
Trotz unserer Liebe und Ergebenheit für das Meer, stellte es uns Fahrensleute immer wieder vor Rätsel und es hatte immer so manche Überraschung bereit. Für uns Seeleute war das Ringen,

das Messen der Kräfte mit der Natur etwas Einmaliges und Besonderes und es hatte schon seinen gebührenden, aber prickelnden Reiz. Doch bescheiden können wir formulieren, die Natur haben wir nie unterschätzt oder herausgefordert.
Das Meer war für einen Fischer nicht nur der Kampf mit den Naturgewalten oder die Fahrt von einem Hafen zum anderen; wenn wir leben wollten, mussten wir dem Meer seine Früchte abringen, den Fisch und andere Meerestiere jagen.
Ich habe mich oft gefragt, was hat uns immer wieder voran getrieben, war anders, wenn wir versuchten die Tiefen des Meeres zu ergründen, ihm die Geheimnisse zu entlocken? Die kargen Antworten blieben meistens unbefriedigend, rätselhaft und verschlossen.
Vielleicht gerade deshalb war für uns Fischer wichtig und bedeutend, ja hoch interessant, was das Meer in seinem Inneren verbarg. Dieses große Geheimnis versuchten wir für unsere Arbeit zu enträtseln. War nicht das Leben im Meer auch unser Leben. Unsere Jagd nach Fischen und allen anderen Meerestieren bereitete uns Freude, hatte ihren ganz besonderen Reiz. Prüfte aber auch immer wieder unser Wissen, unsere Erfahrungen und unser Können, stellte höchste Anforderungen an uns Hochseefischer und an die Technik auf unseren Fangschiffen.
Wir müssen jedoch auch bekennen, in größeren Tiefen, über das Schelfgebiet hinaus, blieb der größte Teil der Ozeane auch uns Fischern verschlossen

- in der Tiefsee kannten wir uns kaum aus, konnten wir nicht arbeiten.
Die Tiefsee ist auch heute noch ein Buch mit sieben Siegeln, welches wir nur ganz langsam umblättern. Dieser Teil der Meere ist nicht ohne Leben. Hier leben die unglaublichsten Fischarten und Meerestiere und auch die Riesenkraken und Riesentintenfische. Schon lange interessierte ich mich für diese geheimnisvollen Meeresbewohner und habe meine Erkenntnisse über sie und Erlebnisse mit ihnen in diesem Buch zusammengefasst.
In meinen bisherigen Büchern über die Menschen aus der Hochseefischerei habe ich versucht, das Seemannsgarn in Grenzen zu halten und bei der Wirklichkeit, der realen Beschreibung der Handlungen und Erlebnisse der Hochseefischer zu bleiben. Ob es mir in diesem Buch gelingt, wage ich jedoch nicht einzuschätzen. Bei meinen Nachforschungen und der Beschreibung der Lebensweise und bestimmter Handlungen der Riesenkraken und Riesenkalmare war die Balance zwischen Fantasie und Wirklichkeit oft schwer.
Trotzdem hoffe ich, dass Ihnen die Geschichte über die wilden Attacken der Riesenkraken auf dem norwegischen Angelkutter gefällt und ich Ihnen einige interessante Erkenntnisse oder eine Vertiefung ihres Wissens über diese Meerestiere mit meinem Buch vermitteln kann.

Jahn und die Geschichte seines Urgroßvaters

„Jan, Jan“, brüllte ich mit rauer Stimme zum Arbeitsdeck hinunter. Jan verharrte, ließ langsam den Holzstiel sinken, mit dem er wohl auf die vor ihm kriechenden Kraken einschlagen wollte. Ich erschrak, denn er war kreidebleich und abwesend. So kannte ich ihn überhaupt nicht. Schnell eilte ich zu ihm und schüttelte ihn, bis er wieder Herr seiner Sinne war.

Was war passiert? Wir fischten in den mauretanischen Gewässern. Der letzte Hol im tiefen Wasser hatte nur unbekannte Fischarten und anderes Meeresgetier enthalten, welches wir wohl vom Grund kratzten. Es wimmelte nur so an Deck und jeder Biologe hätte mit einem Freudenschrei begonnen, die Fische und Meerestiere zu untersuchen. Die Matrosen sammelten nur die etwas größeren Kraken heraus und setzten sie in einen alten Lukendeckel. Alles andere wanderte in die Fischmehlfabrik. Es war ein eigenartiges Schauspiel für Jedermann. Dort in dem Lukendeckel schwammen die Kraken blitzschnell von einer Seite auf die andere, dann drehten sie sich im Kreise, veranstalteten ein wildes Durcheinander. Ihre Haut schillerte, leuchtete in den unterschiedlichsten Farben. Die Matrosen erhöhten das Durcheinander, indem sie mit einem Holzstiel alles umrührten. Mit ihren beinahe 50 cm langen Armen, den Saugnäpfen daran und den verhältnismäßig großen Augen bot sich den Matrosen ein aufregendes Bild. Jetzt war es ruhig in dem Behältnis, es schien als verharrten sie,

um zu überlegen, wie sie dieser Gefangenschaft entgehen könnten. Sie angelten mit den Armen bis an den Rand der Wanne und die Matrosen ahnten, dass sie sich ins Freie an Deck hangeln würden. Den Weg ins Meer würden sie dann sehr schnell finden.
Die Matrosen wussten längst, dass Kraken hochintelligent sind, darüber hatten sie oft gesprochen, wenn solches Getier im Netz war.
Doch ein Ruf von der Brücke ihres Schiffes ließ sie dieses Spiel mit den Kraken abbrechen.
Nur Jan bewegte sich nicht vom Fleck. Er erinnerte sich an die Geschichte seines Urgroßvaters auf einem norwegischen Angelkutter. Sie wurden von Riesenkraken attackiert und angegriffen. Zwei kreisrunde Narben auf dem Rücken seines Urgroßvaters waren der Beweis für das damalige Ereignis. Nur mit etwas Glück, überstanden sie die Angriffe. Viele Male hatte er die Geschichte gehört und als nun die Kraken sich über den Wannenrand hangelten, fühlte er sich wie sein Urgroßvater an Bord dieses Kutters. Er wollte nur den vermuteten Angriff der Kraken abwehren. So traf ich meinen Matrosen.
Jan erzählte mir dann die Geschichte von den Riesenkraken und nun wird sie in diesem Buch weitererzählt.

Riesenkraken attackieren die Besatzung eines norwegischen Angelkutters

Wenn ich in den Wintermonaten wusste, dass mein Urgroßvater nachmittags oder gegen Abend zu Hause war, dann verschwand ich oftmals von der Straße und hörte mir seine alten Geschichten an, erzählte Jan, der junge Matrose. Kamen meine Brüder dazu, dann hockten wir immer zu seinen Füßen und ließen uns von seinen Worten einfangen, machten weite Reisen und erlebten dabei viele interessante Dinge aus seinem Seemannsleben.

Bei einer Geschichte, er erzählte sie nie allzu gerne, schob er dann, wenn er mit dem Erzählen fertig war und uns die Wirklichkeit noch nicht zurück hatte, sein grobes Leinenhemd hoch und wir mussten zwei kreisrunde Narben befühlen. Diese Narben auf seinem Rücken, die die Größe einer Tasse hatten und die sozusagen den Wahrheitsgehalt dieser alten Geschichte unterstreichen sollten, gab es wirklich.

Er begann seine Seegeschichten immer damit, dass er uns belehrte. Ja, wir sollten seine Worte nie vergessen und sie uns einprägen:

„In der Handelsschifffahrt oder in der Hochseefischerei, egal wie groß die Schiffe sind, muss ein Seemann vielfältiges Wissen und Können mitbringen. Ihr müsst die Seemannschaft beherrschen, Ordnung halten und diszipliniert sein. Dazu gehört Verlässlichkeit und immer die gegenseitige Hilfe und Unterstützung. Eure Sorge muss dem Schiff gelten und natürlich der ganzen Besatzung. Eine Portion gesunden Mutes wird euch helfen, die Gefahren, die die See immer bereit hält, zu überwinden. Mit dieser Einstellung werdet ihr alle Aufgaben bewältigen. Ich sage euch das, weil ich viel herumgekommen bin und das Leben auf See es mich lehrte."

Er schaute uns dann immer ganz ernst mit seinen großen blauen Augen an, die unter den buschigen Augenbrauen leuchteten.

„Damals, das schaurige Erlebnis mit den Riesenkraken, begann mit unserer Schludrigkeit, dem Drang wieder einmal etwas Neues zu erleben und dazu diese verfluchte Trinkerei von unserem Selbstgebrannten. Ja Jungs, wir brachten es fertig, dass wir mit drei Mann aus unserer Besatzung achteraus segelten. So etwas ist damals auch eurem Urgroßvater passiert, dass das Schiff ohne uns auslief. So ein bisschen schäme ich mich jetzt noch. Es war weg, verschwunden. Wir hatten in einem Nachbarort mit Frauen geturtelt und dabei mächtig getrunken. Als wir dann am Pier unser Schiff nicht mehr vorfanden, waren wir sofort nüchtern. Verdutzt schauten wir uns an, damit hatten wir nicht gerechnet. Viel verloren hatten wir an dem alten Pott eigentlich nicht. Aber Achteraussegeln gehört nun mal zu den Unrühmlichkeiten eines Seemanns. Zu unserem Pech zählte damals, dass es ein Hafen war, der nicht all zu oft von größeren Schiffen angelaufen wurde. Der Alte

war noch großmütig und hatte unsere Seesäcke und Papiere an Land werfen lassen. Diesen Großmut des Kapitäns bezahlten wir natürlich mit der uns schon lange zustehenden Heuer.
Jetzt saßen wir fest in diesem Nest, einer etwas größeren Ortschaft mit einer kleinen Fabrik, weit ab vom Schuss und konnten die Daumen drehen. Da konnte uns auch die herrliche Landschaft mit der unvergleichbar schönen Natur nicht trösten. Ja, es war ein herrliches Fleckchen Erde an der norwegischen Küste. Doch was nutzt einem Seemann das schöne Land, wenn er kein Schiff hat.
In dem Ort, dessen einzelne Häuser malerisch am Fjord, an den Hängen der Berge lagen, mussten wir froh sein, wenn man uns hin und wieder einige Transportarbeiten übertrug. Froh waren wir auch, wenn wir Holz hacken durften. Für ein Mittagessen machten wir alles. Unsere Lage war nicht rosig. Es bestand nur die Möglichkeit hier heraus zukommen, wenn wir auf einem anderen Schiff die Überfahrt in einen größeren Hafen abarbeiten konnten. Das lag wiederum am Kapitän des Schiffes. Und dann musste ja auch erst mal so ein Dampfer hier in den Hafen kommen. Vermitteln konnte uns dies nur der Makler in diesem Ort. Der machte uns Mut und meinte es würde nicht zu lange dauern. Dort, beim Makler machten wir dann in der Regel auch alles. Er, dieser schlaue Fuchs, nutzte unsere Lage nach Herzenslust aus und schröpfte uns Dummköpfe so richtig. Wir hielten still, weil wir ja auch nichts anderes machen konnten. Doch ab und

zu kam mir der Kaffee hoch und ich schlug vor, bis in den nächsten Hafen zu laufen. Meine beiden Leidensgefährten beruhigten mich dann immer wieder. Sie meinten, wenn ein Seemann so viel laufen müsste, dann würde es kein gutes Ende nehmen und wir bekämen runde Füße.
Eines Tages hatten wir gerade so ein kleines Nickerchen in der Stallecke gemacht, da gab es ein großes Laufen und Geschreie, was wir sonst hier von den Leuten nicht gewohnt waren. Alle waren in Bewegung und liefen zum Hafen. Wir dachten schon, ein größeres Schiff würde einlaufen und festmachen.
Doch um den Felsen, der sich vor der Einfahrt hoch zum Himmel reckte, bullerten drei ziemlich große Holzkutter. Sie gehörten dem Makler, dem Kaufmann, diesem alten Geizkragen und noch so ein paar Leuten hier im Dorf. Uns sagte man später, dass auch einige aus der Stadt mit einigen Parten beteiligt wären. Die Besatzungen kamen aus diesem Ort, deshalb die Aufregung. Forsch kamen sie den kleinen Fjord herunter gelaufen. Wir waren erstaunt, denn eigentlich kannten wir die Fischereiboote nur mit ihren Segeln. Doch diese Kutter waren so gut wie neu und hatten in ihrem Leib diese neuartigen Maschinen, die auch ohne Dampf liefen. Wir kannten sie nicht, diese neuen Maschinen, die für unsere Begriffe einen fürchterlichen Krach machten. Unsere Neugierde trieb auch uns näher zu der Anlegestelle.
Hein, war so was wie ein Sprachgenie und er verstand eigentlich jedes Kauderwelsch. Er erkundig-

te sich und hatte herausgefunden, dass die Kutter im Norden Wale gejagt hatten. Sie brachten diese Wale zu einer nördlich gelegenen Verarbeitungsstation und kamen während der Hauptfangzeit nicht in ihren Heimatort.
Dickbauchig sahen sie aus, diese Kutter. Gegenüber anderen Kuttern hatten sie eine Back. Dort war eine Kanone oder wie man sagte Harpune aufgebaut. Ein ziemlich hoher, stabiler Mast, mit einer im Top angebrachten Tonne für einen Ausgucksmann, ließen uns die Breite der Kutter fast übersehen. Es waren richtige Bütten, wie wir zu Hause sagen würden. Achtern hatten sie ein kleines, aber vorteilhaftes Ruderhaus, das in seiner Höhe über die Back hinausragte. Die Sicht nach vorne war gut gegeben. Der Achtermast war kräftig und stuckig. Alles passte sehr gut zueinander. Ein anderer Fischer erklärte uns, dass sie jetzt mit Langleinen fischen wollten. Zuvor würden sie sicherlich eine längere Zeit hier festliegen.
Ach Gott, war diese Ankunft für die Frauen, Kinder und Männer eine Freude. Im Umgang mit ihnen bekam man sonst wenig Kontakt zu den Familien.
Sie waren etwas unzugänglich und sehr zurückhaltend. Beinahe wie bei uns zu Hause. Aber damals, bei der Ankunft der Kutter, waren sie ganz anders. Die Freude auf das Wiedersehen, auf die gemeinsamen Stunden und Tage ließ bei allen die Zurückhaltung fallen. Bei uns würde man sagen, so ein Getue, wie die Frauen ihre Kinder hochhoben und zu den Kuttern zeigten und dann auf die Kinder einsprachen. Die grö-

ßeren Jungen ergriffen schnell und flink die Festmacherleinen und hakten sie über die Poller. Manch eine der Frauen zerdrückte verstohlen eine Träne, die sich über ihr Gesicht davon machte, wohl weniger wegen des frischen Windes. Und die Männer, na ja, so ging es uns auch immer, wenn ich wusste, eure Uroma stand am Kai oder wir wurden von der ganzen Familie abgeholt. Sie taten so, als hätten sie noch eine Menge zu tun. Da wurden die Festmacher hin und her gezogen. Verstohlen reckten sie die Köpfe, winkten auch mal und wussten nichts rechtes mit sich anzufangen.
Wir drei konnten sie verstehen. Wir wussten, wie so etwas ist, wenn man lange nicht bei der Familie war. Deshalb hielten wir uns zurück. Der Makler, der sich ebenfalls zu den Kuttern aufmachte, rief uns zu sich. Er hatte einen Auftrag für uns und er versprach, es würde Arbeit bei der Ausrüstung der Kutter geben, wir sollten uns gleich in seinem Büro einfinden. Da machten wir uns schnell davon, wir waren froh und neugierig.
Und es gab viel Arbeit für uns. Wir rüsteten lange Leinen, dickes Tauwerk und anderes Material ab, welches nicht mehr für die Langleinenfischerei benötigt wurde. Wir lagerten alles in einem Lagerhaus ein. Dann bereiteten wir mit einigen anderen Fischern das Auslaufen der Kutter vor.
Einen Tag vor dem Auslaufen ließ uns der Makler rufen. Bei ihm hatten sich zwei der Kutterführer eingefunden. Sie fragten uns, ob wir bereit wären, eine

Fahrt mitzumachen. Drei Wochen sollte die Reise dauern. Zwischenzeitlich würde der Fang in einem anderen Hafen gelöscht. Von dort könnten wir dann auch in einen größeren Hafen gelangen, sie würden uns dort am Reiseende absetzen.

Natürlich erklärten wir uns bereit. Etwas Vorteilhafteres hätte es für uns gar nicht geben können. Wir stellten uns die Arbeit auf dem Kutter auch nicht allzu schwer vor. Schnell hatten wir unsere Seesäcke an Bord geworfen. Jetzt hatten wir endlich wieder eine Koje und wir fühlten uns, weil wieder Seemannsarbeit auf uns wartete, kräftig, stark, freudig und unternehmungslustig.

Diesmal ging der Abschied der Besatzungen ruhig und still vor sich. Man wusste ja, in wenigen Wochen und vielleicht bei schlechtem Wetter, würden sie sich wieder sehen.

Wir nahmen es nicht tragisch, dass einer von uns dreien auf einem der anderen Kutter aufsteigen musste. Ich blieb mit Hein zusammen. Er stammte aus dem Nachbardorf. Wir beide waren ein altes Gespann, man hatte es in den letzten Jahren nicht geschafft, uns auseinander zubringen. Hein war der Ruhigere von uns beiden. Er hatte sich genau soviel Jahre auf See herumgetrieben, wie ich. Seine Ruhe und dann seine Körpergröße flößten jedem Respekt ein. Obwohl ich ja auch kein Zwerg bin, war ich gegenüber Hein gut zu übersehen. Dafür war ich der Beweglichere, derjenige, der immer was auf Lager hatte und die Dinge organisierte. Wir passten beide schon zusammen und verstanden unser Handwerk. Bisher hatten wir alles bewältigt und mit dieser Einstellung packten wir hier an Bord auch mit an. Das merkten auch die heimischen Fischer, deshalb nahmen sie uns schnell in ihre kleine Besatzung auf. Nach dem Auslaufen standen wir hinter dem Ruderhaus und starrten bei einer guten Pfeife Tabak in den Abend. Die Felsen, der Fjord blieben zurück. Zurück blieb der kleine Ort, der uns eine Weile beherbergt hatte. Landeinwärts blinkten und blitzten ein paar Lichter in der Dunkelheit. Eine frische Brise zerzauste unsere Haare und wir zogen die Jacken fester um den Körper. Der Motor blubberte laut und trieb uns mit kräftigen Kolbenstößen vorwärts. Über dem brodelnden Kielwasser kreischten die Möwen, die sich von uns Beute erhofften. Zu uns gesellte sich einer der Fischer. Wir stopften die Pfeifen noch einmal nach und schmauchten dann genüsslich. Ab und zu zeigte der Fischer mit dem Pfeifenstiel auf eines der Lichter und nannte einen Namen. Wir nickten dazu, dann war wieder Ruhe. Nach den letzten Zügen klopften wir die Pfeifen aus und stapften nach vorn zur Back. Hier lagen unsere Unterkünfte, eine große, praktisch eingerichtete Kammer. Gegenüber den sonst von uns gefahrenen Schiffen, machten diese kleinen flinken Kutter ganz andere Bewegungen in der See. Doch was machte es uns schon aus. Wir freuten uns, dass der Seewind wieder um unsere Ohren pfiff. Schnell krochen wir in die Kojen. In den frühen Morgenstunden wollten wir das Fanggebiet, gar nicht soweit weg von der Küste, erreichen.

Nun waren Tage vergangen. Tage voller harter Arbeit, die uns so manchen Schweißtropfen kosteten und uns oftmals todmüde in die Kojen sinken ließ. Wir hatten den ersten Fisch bereits einmal an Land gebracht. Sie waren an Bord zufrieden mit uns und wir entschieden uns noch zu bleiben. Jetzt kehrten wir zurück in unser Angelgebiet. Die Arbeit begann von vorne. Sie war unvergleichbar zu unserer Arbeit auf den anderen Schiffen, die nur Gegenstände durch die Welt beförderten. Manchmal ließen wir ganz schön die Köpfe hängen und wussten nicht wohin mit unseren aufgerissenen Händen. Vor allem Hein hatte es erwischt, denn er bekam immer den schwersten Teil der Arbeit ab. Ich hatte mehr beim Auslegen der Angelleinen zu tun und spießte sozusagen die Köder auf die Haken. Leine, Maulleine, Haken, Köder und wieder dasselbe und noch einmal von vorne. Die Handgriffe verfolgten uns schon im Schlaf. Doch ein freundschaftlicher Schlag auf die Schulter von unseren neuen Freunden oder eine gemeinsam verbrachte Stunde im Pfeifenrauch und bei heißem Kaffee, ließen uns das Ungewohnte der Arbeit vergessen. Ich sagte mir, was ein echter Borner Junge ist, muss alles erprobt haben oder wenigstens überall einmal reinspucken.
Eigentlich war der heutige Tag wie jeder andere. Eine leichte Brise strich über unser Schiff, der Himmel hatte sich bezogen und ließ nur ab und zu einige Son-

nenstrahlen zu uns herab schauen. Doch irgendwie war unser zweite Tag wie verhext. „Da muss ja wohl der Teufel dazwischen gewesen sein“, meinte Hein. Dort unten tobt wohl ein stiller Sturm oder es hängt dort unten der Haussegen schief, dachte ich mir meinen Teil.

Die lange Angelleine war teilweise zusammengetrieben und verdreht. Kabeljau saß so gut wie nicht am Haken. Nur ab und zu hatte sich einer der Fische an den Haken verirrt. Und dann meistens eine ganz andere Fischart, die wir nicht haben wollten und die wir zurück ins Meer warfen.

Doch unsere norwegischen Fischer waren nicht aus der Ruhe zu bringen. Sie rauchten eine Pfeife mehr als sonst. Packten kräftig zu und machten ihre Späße, denn immer wieder lachten sie und wir schauten dumm aus der Wäsche. Sie klopften uns auf die Schulter und meinten, es wird schon wieder.

Wir rätselten wohl alle, was sich verändert haben konnte, da kein Kabeljau mehr an die Haken wollte. War es der Wind? War es die Strömung oder anderes Wasser? Wärmeres vielleicht, wie Claas der alte Fischer meinte. Oder gingen wieder, wie im Vorjahr, Heringsschwärme durch dieses Gebiet und der Kabeljau verschmähte deshalb unsere Köder, wie ein anderer Fischer laut dachte.

Doch der Skipper, wie wir unseren Kapitän hier nannten, zeigte nach oben. Er meinte damit den Vollmond und deshalb diese Situation. Dazu noch dieser leichte Wind, dass hat noch nie etwas gebracht.

Von Unruhe konnte man bei den Fischern aber nicht sprechen. Sie hatten vor ihrer Küste gewiss viele ähnliche Situationen durchgemacht. Sie ließen sich von einem verpatzten Tag die gute Laune nicht verderben und auch nicht die Ruhe nehmen. Sie beruhigten uns und meinten, lasst uns eine Pfeife rauchen, dann sieht das Leben wieder anders aus.
Ich konnte jedoch ein sonderbares Gefühl nicht unterdrücken und dachte, es scheint wenigstens anderes Wetter zu geben. Der Wind frischte auf.
Hein wusste auch nicht so recht, wie er mit dieser Situation fertig werden sollte, daran änderte auch das Nachstopfen seiner Pfeife nichts. Doch die Fischer meinten und schüttelten mit den Köpfen, alles dauert nur vielleicht eine kurze Zeit, nur einige Stunden wird der Wind auffrischen, es hat nichts zu bedeuten.
So war es dann auch. Wir hatten die Angelleinen wieder geordnet. Jetzt schwammen sie mit Ködern besteckt wieder über dem Meeresboden. Die letzte Boje wurde von Hein kräftig nach altem Brauch bespuckt und flog in einem hohen Bogen ins Wasser. Die See war bewegt, aber das von uns beiden erwartete Wetter blieb aus. Eine geschlossene Wolkendecke, doch hier und da bereits angeritzt, machte die Nacht dunkel und finster. Wir trieben vor unserer Angel.
Ich hatte die letzte Wache. Claas, den alten Fischer wollte ich ablösen, er war vor mir dran.
Im Mast flackerte unsere Laterne und warf kleine Schatten an Deck. Unser Kutter dümpelte vor sich

hin in der fast ruhigen See. Als ich nach achtern ins Ruderhaus kam, saß Claas in einer Ecke. Ich wunderte mich ein bisschen, doch ich hatte einen gesunden Respekt vor diesem alten Seemann. Er war ein erfahrener Fischer, der hier alle Gebiete kannte. Eigentlich sollte er längst zu Hause bleiben, aber es trieb ihn immer wieder mit nach See. Er konnte die Fischerei nicht aufgeben. Seine Arbeit machte er, trotz seines Alters wie alle Anderen. Wir verstanden uns gut mit ihm. Gerade er war es, der uns am meisten behilflich war und der uns in die Spitzfindigkeiten mit den Angeln einweihte. Doch auch alle Anderen waren immer um ihn. Claas war so was, wie der Bordvater hier auf dem Kutter.

Doch als ich nun Claas auf der kleinen Brücke sah, war er anders als sonst, irgendwie verstört und durcheinander. Ich wollte es zuerst gar nicht wahr haben und bekam es auch durch meine Verschlafenheit anfangs nicht richtig mit. Als er jedoch nicht zur Koje gehen wollte, kam mir die Sache komisch vor. Ich spürte und hatte das Gefühl, er war froh, nicht allein zu sein.

Immer noch etwas verschlafen schaute ich aus dem Brückenfenster. Der Kutter dümpelte leicht in der Dünung. Die Wolkendecke war aufgerissen und der Vollmond schaute hin und wieder hinter den Wolken hervor. Die See hatte sich gleichfalls beruhigt und wirkte fast glatt. Weit entfernt von uns, mehr unter der Küste, zog ein großes Schiff seine Bahn. Sicherlich würde der uns gar nicht bemerken. Ich drückte meine Nase an dem Fenster des Ruderhauses platt. Jetzt kam Claas aus seiner Ecke heraus zu mir nach Steuerbord hin-über und zog sich den Hocker des Skippers an das vordere Fenster. „Pitt“, so riefen sie mich hier und so sprach mich jetzt der alte Claas an. „Sah’st du schon mal das Meer leuchten?“ Ich wendete mich Claas zu. „Meinst du das Nordlicht, mit seinen Reflexen auf dem Wasser, Claas?“ fragte ich. „Nein, Pitt, nicht das Nordlicht. Das Wasser meine ich, große leuchtende Flecken auf dem Wasser!“ Ich nickte mit dem Kopf. „Gewiss Claas, doch nie hier oben im Norden. Vor einigen Jahren, vor Afrika, in den Novembertagen durchfuhren wir einmal mit einem großen Boot, ich meine einen Frachter, ein Gebiet, welches aussah, als würde es von unten beleuchtet. Es war von der Strömung auseinander gezogenes Plankton an der Meeresoberfläche, diese winzigen

Grafik: Hans Richter - Dipl.Gebrauchsgrafiker

kleinen Lebewesen“, meinte ich. Claas nickte mit dem Kopf und antwortete: „Solche Bilder kennen wir hier oben auch. Doch heute Pitt, war es ein ganz anderes Leuchten. Das waren nicht diese kleinen Tierchen, ganz bestimmt nicht“.
Was mag nur mit dem Alten los sein, dachte ich. So kannte ich ihn überhaupt nicht. Ich fragte: „War denn noch irgendetwas anderes auf deiner Wache, hast du irgend was besonderes gesehen?“ Jetzt holte Claas seine Pfeife und ich dachte, es geht ihm wohl schon wieder besser. Ich bot ihm von meinem Tabak an. Ganz bedächtig stopfte er seine Pfeife und setzte sie in Brand. Wir pafften das Ruderhaus voll. Ich bohrte nicht weiter. Ich wusste, Claas würde mit dem Erzählen beginnen. Doch er schüttelte wieder und wieder den Kopf und dann sagte er zu mir: „Ich glaube, mein Vater wurde immer von allen zu Unrecht verspottet. Es Stimmte doch, was er einmal auf einer Reise gesehen hatte“.
Ich konnte mit seinen Worten nichts anfangen und schwieg abwartend. „Weißt du Pitt, ich stand vor einigen Stunden genau so am Fenster, dort, wo du jetzt stehst. Drückte mir die Nase an der dicken Scheibe platt und dachte an alte Zeiten und alles Mögliche, was einem so durch den Kopf geht. Doch plötzlich fuhr ich vor Schreck zusammen, irgendetwas stimmte nicht. Ich wusste nur nicht was. Es lief mir heiß und kalt über den Rücken und ich dachte, es kommt ein Schiff auf uns zu oder es ist irgendwas mit unserem Kutter nicht in Ordnung?

Meine Gedanken gingen hin und her. Ein Schiff war nicht zu sehen und wir trieben so ruhig wie jetzt. Doch es musste etwas passiert sein und dann merkte ich das Leuchten auf dem Wasser. Es leuchtete in allen Farben, rund um unseren Kutter. Aber es leuchtete nicht nur so einfach, wie ein Farbfleck. Die Flecken bewegten sich und tauchten mal hier mal dort auf. Schien der Mond hinter den Wolken hervor, veränderte sich die Farbe der Flecken. Es war richtig Bewegung im Wasser. Nicht wie beim Plankton oder wenn kleine Fische an der Oberfläche schwimmen und sich umhertummeln. Diese Flecken spielten um unseren Kutter. Mal sah es wunderbar aus, doch dann wirkte es unheimlich auf mich."
Ich staunte und schüttelte den Kopf. „Claas, was hast du nur gesehen? Der Mond und die Wolken spielten dir einen Streich und malten Bilder im Wasser". Ich trat an ihn heran und fasste ihm um die Schultern. Claas war still geworden. Er zweifelte wohl selbst an seinen Worten und an dem, was er gesehen haben wollte. Doch nach einer kurzen Zeit meldete er sich wieder und sagte mit kräftiger Stimme: „Ich habe mich nicht geirrt. Du kannst denken von mir was du willst, es war etwas im Wasser und es hat unseren Kutter immer wieder umrundet." Dann meinte er ernst: „Es wird besser sein, wenn wir diese Gegend verlassen und unsere Angeln weiter südlich auslegen. Glaube mir, hier ist es nicht geheuer im Wasser. Mein Vater hat damals von Riesenkraken erzählt, die bei seinem Kutter an Bord gekrochen kamen. Ich glaube, auch

heute Nacht haben uns Kraken oder wie man heute auch sagt, diese riesigen Meerestiere einen Besuch abgestattet. Eigentlich ist es nicht üblich, dass sie Schiffe aufsuchen. Nach dem Walfang kam es aber immer wieder vor, dass diese Riesentiere bei den Schiffen gesichtet wurden. Man vermutete es, doch gesehen wurden sie kaum. Der Wal ist doch ihr größter Feind und uns haben sie für einen Wal oder so was Ähnlichem gehalten!"
Ich versuchte Claas zu beruhigen und wollte ihn zum Schlafen in das Vorschiff begleiten. Doch er wollte nicht. Riesenkraken dachte ich, ja, es soll welche geben in diesem Teil des Meeres. Doch hier, bei unserem Kutter? Ich konnte es nicht glauben und mir auch schlecht vorstellen, wie sie hier im Wasser herumschwimmen und es auf unseren Kutter abgesehen haben. Doch dann wurde sein Erzählen noch verworrener als Claas meinte: „Ich habe dir noch nicht alles erzählt. Habt ihr denn nicht bemerkt, wie sich unser Kutter zur Seite neigte?" Nun verstand ich ihn überhaupt nicht mehr. Ich dachte, sein Verstand hat wohl mächtig gelitten bei diesem Wetter. „Einer dieser Kraken, ich glaube es jedenfalls, hat an Deck geschaut und hat mich auch hier im Ruderhaus gesehen. Ich wollte es nicht erzählen, weil ich es mir selbst kaum vorstellen kann", sprach er weiter. „Erzähl' Claas, dann wird dir bestimmt besser", sagte ich zu ihm. Und er erzählte weiter: „Ich wollte zur Backbordseite gehen, weil die Flecken sich dort besonders schnell bewegten, da neigte

sich der Kutter plötzlich zur Seite. Als ich an Deck sah, bin ich beinahe vor Schreck erstarrt. Wie Rüssel von Elefanten bewegten sich dort über dem Schanzkleid drei lange Arme und suchten nach einem Halt. Langsam, Stück für Stück schob sich ein buckliger Körper an der stabilen Bordwand hoch. Zwei große Augen schauten direkt zu mir ins Ruderhaus. Mich hat es wohl von den Beinen geworfen und ich fand mich nach einer Zeit in der Ecke des Ruderhauses wieder. Ganz langsam, an all das Geschehene, nicht glaubend, bin ich zurück zum Fenster gegangen. Doch, Gott sei Dank, der unheimliche Spuck war weg. Weg waren die hellen Flecken im Wasser und unser Kutter lag so ruhig und friedlich, wie jetzt."
Claas war sichtlich erschöpft, aber auch ruhiger nach seinem Erzählen.
Doch als ich meinte, dies wäre eine tolle Begebenheit und vielleicht hätte er doch geträumt, da wurde er richtig böse und wütend. Er fauchte mich an und meinte: „Hast du noch nie etwas von den großen Kraken gehört, die hier an der Küste in den tiefen Höhlen unter Wasser leben sollen? Kraken führen große Kämpfe mit den Walen, die es auch hier an der Küste gibt, wir haben sie ja letzte Reise gejagt. Sicherlich haben sie den Geruch der Wale verspürt, der noch an unserem Kutter haftet. Du kannst mir glauben, so wird es sein!"
Es war mir nicht möglich, Claas von dem Erlebten abzubringen oder ihn zu beruhigen. Er setzte sich wieder in die Ruderhausecke. Ich bot ihm

nochmals von meinem Tabak an. Ich dachte, wenn Claas nichts der Besatzung sagen würde, ich würde auch die Geschichte verschweigen.
Vergessen konnte ich sicherlich nicht, was der Alte heute Nacht erlebt haben wollte.
So verging die Zeit schweigend. Die Stunde zum Aufnehmen der Angel war gekommen. Claas machte sich auf und weckte die Besatzung."

Mein Urgroßvater hat bei seinem Erzählen bestimmt ein bisschen Seemannsgarn und viel Fantasie mit hineingelegt. Jedenfalls war diese Geschichte für uns Jungen immer unheimlich und kaum fassbar. Doch woher sollte Urgroßvater sonst die Narben haben?"
Jan schaute mich an, als wollte er prüfen, was ich von dem Erzählten halte. Doch ich sagte behutsam: „Erzähle weiter, was passierte auf dem Kutter und mit der Besatzung?" Und Jan erzählte weiter die Geschichte seines Urgroßvaters.

„Wir holten die Angel ein. Doch genau wie am Vortag, waren die Angeln total durcheinander. Der Skipper meinte da hat wohl einer mit der Kelle durchgerührt. Die Angeln waren teilweise auseinander gerissen und wir hatten viel Mühe mit dem Reparieren und Aufklaren.
Claas war überhaupt nicht zu gebrauchen. Er arbeitete, doch die Arbeit ging ihm nicht von der Hand. Immer wieder schüttelte er mit dem Kopf. Ich wusste, warum mit ihm heute nichts anzufangen war und

machte mir große Sorgen um unseren Alten. Auch den anderen Fischern war das Durcheinander von Claas nicht entgangen. Der Skipper klopfte ihm gutmütig auf die Schulter und bot ihm Tabak an. Er sollte sich auf eine Pfeifenlänge ausruhen. Es sah beinahe so aus, als wollte Claas dem Skipper sein Erlebnis der letzten Nacht erzählen. Doch dann wandte er sich ab und paffte den Rauch in dicken Wolken in die Luft.

Zum Abend hatten wir die Angeln wieder liegen. Zwar nicht die ganze Länge, aber die Fischer meinten, es ginge. Zwei Tage wollten wir noch hier bleiben. Der Fisch musste dann an Land. Die anderen beiden Kutter, die mit uns hier angelten, hatten den Platz verlassen und dampften südlich. Sie hatten die Nase voll, von den vertörnten und zerrissenen Angeln. Unser Skipper zeigte Ausdauer. Die gleiche Ruhe hatten auch alle anderen an Bord, bis auf Claas und auch bei mir regte sich etwas in der Bauchgegend, das ich nicht so richtig deuten konnte, aber wohl mit der Geschichte von Claas zusammen hing.

Claas versuchte den Skipper zu überreden, mit den anderen Kuttern diesen Platz zu verlassen. Doch es half nichts, der Skipper blieb. Claas sah ihn groß an, doch er behielt sein nächtliches Erlebnis für sich. Als wir unter Deck gehen wollten, zog Claas an meiner Jacke und er raunte mir zu: „Behalt es für dich!“ Ich nickte mit dem Kopf. Ich hatte schon überlegt, es dem Skipper zu erzählen und ihn zu fragen, was er davon halte oder ob es notwendig sei, irgendetwas zu tun. Im Klaren war ich mir immer noch nicht, ob unser Claas nicht doch geträumt hatte. Nun, nachdem Claas sich bei mir bemerkbar machte, war ich erleichtert und schob die Gedanken mit den Riesenkraken weit weg von mir, hatten sie doch den ganzen heutigen Tag in meinen Überlegungen umhergespukt.

Ich hatte in dieser Nacht keine Wache und kroch nach dem Essen schnell in meine Koje. Auch alle Anderen, bis auf den Wachgänger, legten sich zum Schlafen nieder. Es dauerte nicht lange und vorne in der Back hatte der Schlaf alle eingefangen. Bestimmt half das leichte Schaukeln des Kutters dabei nach.

Eine Wachlänge mochte vergangen sein. Ein schauderhafter Schrei ließ uns in der Back aus dem Schlaf fahren. Jäh richteten wir uns auf. Der Skipper stand mit einem Satz im Raum. Diejenigen, in den unteren Kojen, schwenkten die Beine über den Kojenrand. Doch das plötzliche Überholen des Kutters, die rasche ungewöhnliche Neigung warf uns zur Seite, zurück in die weichen Decken unseres Schlafplatzes. Der Skipper taumelte in die untere Koje, direkt in die Arme von Claas. Doch danach war wieder Ruhe. Der Kutter lag wieder aufgerichtet, dümpelte leicht hin und her, als wäre nichts gewesen. Nur die am Längsbalken hängende Lampe zitterte, schwankte noch in ihren messingen Ringen und warf gespenstige Schatten in den Raum. Keiner von uns wagte

die Stille zu durchbrechen. Claas atmete schwer, bei uns schien es auch nicht anders zu sein. Mein Herz schlug mir bis zum Halse. Ich merkte erst jetzt, dass ich das Kojenbrett fest umklammert hatte.
Ich glaube wir dachten alle, wir hätten geträumt, alles war nur Einbildung. Aber der Schrei? War es überhaupt ein Schrei?
Ruhig hing die Lampe wieder am Balken. Auch der Skipper verharrte. Warteten wir auf eine Wiederholung, ein Zeichen des vorher Wahrgenommenen, auf eine neue Bewegung des Kutters?
Doch unsere Überlegungen dauerten wohl nur wenige Sekunden. Es musste etwas geschehen sein, wenn alle es wahrgenommen hatten. Das war nichts Normales, so holte kein Kutter bei diesem Wetter über. So konnte niemand von uns in der Back geschrien haben. Kein Traum, keine Einbildung. Die Wirklichkeit hatte uns wieder zurück.
Der Skipper hatte sich als erster gefangen. Er griff nach seinen Stiefeln, nach seinem Zeug und wollte durch die kleine Kombüse zum Niedergang, um so schnell wie möglich an Deck zu kommen.
Doch er kam nicht weit. Claas, der alte Fischer, hielt ihn zurück. Schnell, wie wir es noch nie bei ihm gesehen hatten, war er aus der Koje gekommen. Mit festem Griff zog er den Skipper in die Kammer zurück. Bleich und eingefallen, viel, viel älter als sonst, sah sein mit Bartstoppeln übersätes Gesicht aus. Er kam uns allen, mit seinem wollenen Unterzeug, wie ein drohendes Gespenst vor und er hatte nichts mehr

von einem alten, gutmütigen Bordvater an sich.
Jetzt schien auch mein Gehirn wieder zu arbeiten und ich dachte sofort an die Erzählung von Claas.
Es konnte doch wohl nicht wahr sein, dass sich ähnliches vorhin erneut abgespielt haben sollte?
Haben diese Riesenkraken erneut unserem Kutter einen Besuch abgestattet? Halten sie uns für ihre Feinde? Sollte der Geruch der erbeuteten Wale, der Geruch des Waltrans, der unserem Kutter immer noch anhaftete, diese ungewöhnlichen Meeresbewohner aus ihren Steinhöhlen, aus der Tiefe des Meeres an die Wasseroberfläche gelockt haben? Mir schwirrten die Gedanken nur so durch den Kopf, ich konnte es nicht glauben, obwohl schon einiges über Riesenkraken erzählt wurde.
Doch Claas musste ebenso gedacht haben. Seine Worte ließen die Fischer im Raum erstarren. Er krächzte mehr, als das er sprach: „Vorsicht Leute, aufpassen Skipper!“ Mit weit aufgerissenen Augen, in denen das Weiße überwog, stand er neben dem Skipper, die Hände abwehrend erhoben. „Ich hab‘ sie gesehen, ja gesehen, letzte Nacht. Sie waren riesengroß, mit langen Armen und großen Augen, starrten mich an. Denkt mal zurück, mein Vater sah sie auch!“ Die Fischer wussten von der Geschichte. Jetzt umklammerte er den Arm des Skippers erneut. Er versuchte weiter zu sprechen, bekam aber kaum Worte heraus. „Mein...mein Vater sprach die Wahrheit! Es gibt sie. Sie sind hier und umlauern unseren Kutter. Letzte Nacht haben sie alles untersucht

und an Deck geschaut. Diese langen Arme fühlten und tasteten an Deck umher und umschlangen die Wanten. Diese Augen der Kraken waren unheimlich und schrecklich anzusehen, sie ließen mich erstarren, ich konnte mich nicht bewegen.“ Er ließ den Arm des Skippers los und sank zurück in seine Koje. Dort hörten wir ihn murmeln: „Mein armer Vater wurde zu Unrecht verspottet, er hatte doch Recht!“

Der Schreck saß uns allen in den Gliedern, auch mir lief es kalt über den Rücken, obwohl ich diese Geschichte schon kannte. Die Worte von Claas verunsicherten die sonst selbstbewussten Fischer. Ich sah die letzte Nacht mit Claas wieder vor meinen Augen. Doch trotzdem war niemand mehr unten zu halten. Der Schrei war wieder gegenwärtig und konnte nur von unserem Wachhabenden ausgestoßen worden sein. Der Skipper hastete den Niedergang nach oben, wir hinterher. Es ging jetzt schnell, aber trotzdem waren wir vorsichtig, als wir an Deck kamen. Entsetzt schauten wir auf den vor uns an Deck liegenden Fischer. Der Skipper beugte sich über ihn. Er drehte Björn auf den Rücken. Sein Gesicht war blutverschmiert. Jacke und Hose hinten zerfetzt. Er musste wohl an den Mast gestoßen sein oder auf dem harten Deck seine Stirn aufgeschlagen haben. Als wir ihn in die Back trugen, stöhnte er leise, ohne die Besinnung wieder zu erlangen.

Der Skipper befahl Chris und einem anderen Fischer, sich um Björn zu kümmern. Wir sprangen zurück an Deck und verharrten am Backschott vor dem

Mast. Das Deck lag dunkel und verlassen vor uns. Leise plätscherte die See an der Bordwand unseres Kutters. Die am Mast angebrachte Laterne warf hoch oben ihr Licht in die Runde. Doch ihr Schein erhellte das Deck kaum.
Vor dem Mond, dem eigentlich immer noch seine volle Rundung fehlte, hatte sich eine große Wolkenbank geschoben, die nur wenig Helligkeit durchließ. Immer noch standen wir, schauten, horchten und saugten förmlich das Ungewisse in uns hinein.
Wir zweifelten an dem Erlebten, konnten es kaum glauben. Es war für alle unvorstellbar, die Geschichte von Claas mit den Riesenkraken. Doch Stille lag über unserem Boot und der See. Nicht einmal die sonst immer schreienden Möwen waren zu hören. Keine Bewegung im Wasser, nichts, gar nichts war zu spüren.
Der Skipper schaute uns an, als wolle er fragen, habt ihr was vernommen, konntet ihr etwas ausmachen, was hier geschehen sein konnte?
Er zuckte mit den Schultern, ließ das Tau am Mast los und schritt zum Ruderhaus. Doch er kam nicht weit. Plötzlich rutschten seine Beine weg und er lag an Deck. Auch wir hatten die ersten Schritte zum Achterschiff gemacht. Unmittelbar nach dem Fall des Skippers, rutschte auch der vor mir gehende Fischer aus. Er konnte sich noch an den Wanten halten. Beiden war nichts geschehen. Der Skipper fluchte fürchterlich. Eine schmierige Schleimschicht machte stellenweise das Deck an der Steuerbordseite un-

begehbar. Was mochte dies nun wieder bedeuten? Jetzt standen wir wieder zusammen, doch diesmal mitten an Deck und beratschlagten. Die Geschichte vom alten Claas nahm immer mehr Gestalt an. Der Angriff auf den Fischer Björn mit seinem zerrissenen Rock und den Hosen machten es mir möglich, die Begebenheiten aneinander zu reihen. Nun erzählte ich die nächtlichen Ereignisse. Still hörten sie zu. „Warum hast du geschwiegen Pitt“, war die einzige Entgegnung des Skippers. Doch nach kurzem Zögern fügte er hinzu: „Ist schon gut, ich verstehe dich!“ Allen war es noch unheimlicher geworden. Immer wieder drehten wir die Köpfe und versuchten etwas im Wasser zu erspähen oder eine Bewegung wahrzunehmen.

Der Skipper war noch der Ruhigste von uns.

Seine kurzen und knappen Kommandos konnte ich jedoch kaum verstehen, obwohl ich mit der Sprache schon ganz gut klar kam. Die anderen Fischer zogen mich mit zum Vorschiff. Nur der Skipper und Kai bewegten sich vorsichtig zum Achterschiff, um das Ruderhaus herum.

Aus der Back kam Chris. Er fragte: „Was ist denn nun wirklich passiert, hier an Deck?“ Wir zuckten erneut mit den Schultern und fragten nach dem verletzten Björn. Doch Chris schüttelte nur mit dem Kopf und meinte: „Bisher hat er kein Wort gesprochen, seine Verletzungen sind jedoch nicht so schlimm. Er schaut nur ängstlich um sich und war kaum in der Koje zu halten. Nun scheint es aber zu gehen, da Claas sich

um ihn kümmert".
Hein fuchtelte mit seinen großen Pranken umher und schnaufte: „Es ist zum Verrücktwerden, wir sollten endlich wissen, was hier abgelaufen ist und was noch kommen kann!" Ich sagte zu Hein, er sollte ruhig bleiben und wir stiegen in die Last des Vorschiffes. Dort räumten wir altes Tauwerk und Angelzubehör zur Seite. Fast aus der letzten Ecke holten wir die Fettschaber und lange Messer. Gerätschaften, die für den Walfang oder besser gesagt, für die Bearbeitung verwendet wurden. Der Skipper hatte schon richtig entschieden, irgendetwas brauchten wir, um uns wehren zu können. Da standen wir nun wie die alten Schildknappen auf dem Vorschiff und starrten ins Wasser. Mir war auf einmal gar nicht gut. In der Magengegend rumorte es. Ich dachte, Claas hat doch wohl richtige Überlegungen angestellt, als er den Skipper aufforderte, das Fanggebiet zu verlassen.
Hein stellte den Fettschaber an die Wanten und kratzte sich den Kopf. Auch ihm war nicht so richtig wohl und die unmöglichsten Gedanken zogen durch seinen Kopf. Kann es wirklich solche großen Viecher geben? Sind sie gefährlich und würden sie angreifen. Sind sie allein oder sind es gleich mehrere? Er sinnierte, wie sie wohl dort unten in der Tiefe, in den Felsen leben würden. Was mögen diese Viecher eigentlich fressen? Doch er schüttelte nur den Kopf, schaute auf seine aufgerissenen Hände, spreizte die Finger und ballte sie wieder zur Faust. Es sah aus,

als wollte er mit sich selbst ins Reine kommen, als wollte er sich befragen, ob ein Kampf mit diesen Meeresbewohnern für ihn in Farge kommt. Als ich dann vor ihm stand, zuckte er zusammen, die Gegenwart hatte ihn zurück. Ich meinte: „Wir werden es schon durchstehen“. Er nickte und erwiderte: „Bleib’ an meiner Seite, wir könnten uns im Falle eines Angriffes gegenseitig helfen.“ Es war mir schon recht, denn Hein mit seinen Bärenkräften an meiner Seite, war schon beruhigend. Ich packte mein Messer kräftiger an, als wir über Deck zum Achterschiff gingen. Der Skipper stand vor uns. Auch er schien hilflos zu sein, wusste nicht was er machen sollte. Er zweifelte immer noch, auch wenn er an den ver-

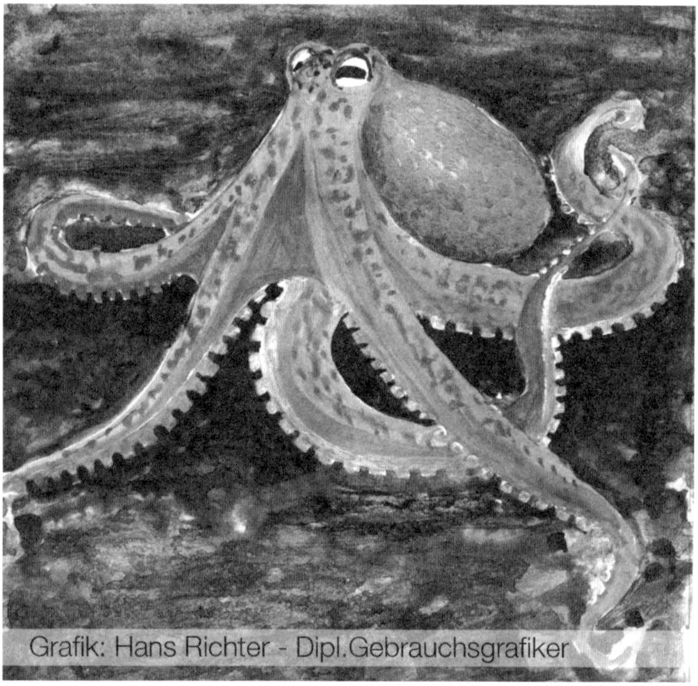

Grafik: Hans Richter - Dipl.Gebrauchsgrafiker

letzten Björn dachte. Doch wer zweifelte nicht von uns? Ein normaler Fischtag wäre jedem lieber. Dann meinte er mit ruhiger Stimme: „Rauchen wir erst mal eine Pfeife und überlegen wir dann, was zu tun ist.“
Wir sogen an unseren Pfeifen und pafften den Rauch nach oben in die Luft. Unser Kutter lag ruhig und dümpelte von einer Seite auf die andere. Ab und zu klatschte eine Welle an die Bordwand. Sie war aber nicht stark genug, um an Deck zu schauen. Der Mond hatte sich von den Wolken frei gemacht und sah nun wohl auch das einzigartige, verwegene Bild, das wir mit unseren Messern und Fettschabern darstellten. Nach wie vor zogen dunkle Wolken am Himmel. Sie schoben sich aber am Mond vorbei und sorgten für eine gespenstige, mal helle und wiederum dunkle Nacht.
Der Skipper zog an seiner Pfeife. Er sah mitgenommen aus. Bartstoppeln, mit grauem Schimmer, bedeckten sein Gesicht. Es schien, als wollten sie sich über den zusammen gekniffenen Mund bis zu den Augen ausbreiten. Die speckige Joppe war nicht zugeknöpft und der braune, dicke Pullover hatte sich verschoben und war in den Gürtel geraten. Er zog die Pfeife aus den Zähnen und meinte mit ruhiger Stimme: „Wegen der Angel, können wir hier jetzt nicht wegdampfen. Sie sind zu kostbar!“ Er steckte die Pfeife wieder zwischen seine Zähne und wir konnten sehen, wie er kräftig auf den Stiel biss. Seine Backenknochen spannten sich und seine Augen wirkten zornig. „Oder hat einer einen besseren Vor-

schlag?“ Fast sprach er zu sich selbst, als er meinte: „Gesehen haben wir hier die Riesenkraken ja alle noch nicht. Was dran sein muss aber, sonst hätten wir hier nicht diese Situation und den Björn in der Koje und den verwirrten Claas oder denkt ihr anders?“ Hein schaute auf den Fettschaber, dieses Mordwerkzeug in seinen Händen. Ich wusste, er hätte es am liebsten ins Wasser geschmissen und sich auf seine beiden großen Pranken verlassen. Er donnerte den Stiel auf das Deck und brüllte fast: „So was muss uns passieren, was wollen diese Viecher, denken sie, wir sind ihre Feinde?“ Kai klopfte Hein auf die Schulter, so als wolle er sagen, beruhige dich. „So ähnlich wird es wohl sein!“ meinte er dann. Irgendwie schauten ihn alle an, so, als solle er weiter erzählen. Doch er zog die Schultern hoch und sagte leise: „Ich habe auch keine Ahnung was hier vorgegangen ist und was uns noch erwartet. Wir müssen abwarten, aber wir sollten uns nicht überraschen lassen.“ Ich holte gerade tief Luft und wollte meinen Freunden sagen, was mich bewegte, da machte sich einer der ältesten Fischer, der Chris bemerkbar. Er war sonst meisten still und ließ die anderen reden.

Seine Hand drehte an seinem Pudel, er schnaufte und spukte den Pfeifensaft über Bord.

Erst dann machte er sich Luft und sprach mit rauer Stimme: „Die Kraken sollen nur kommen, ich werde ihnen ihre Arme abhacken, lass’ sie kommen!“ Er schaute in die Runde und meinte dann: „Die Angeln, ja die Angeln können wir nicht einfach liegen lassen.“

Er spukte noch einmal kräftig über Bord, dann drehte er sich um und schaute ins Wasser. Sein Messer, es war ein besonders langes und breites, hatte er in die Bordwand gespießt.
Jetzt war erst mal Ruhe. Die Worte von Chris waren schon richtig, wir konnten gar nichts machen. Nur warten und hoffen, dass sie uns in Frieden ließen. Geheuer war uns Allen diese Situation nicht. Ich wandte mich an den Skipper und sagte: „Wir bleiben hier, wir müssen es ja, wegen der Angel. Ich meine, wir sollten uns verteilen, nach vorn und achtern und warten bis der Morgen kommt, dann die Angeln aufnehmen und verschwinden!" Ich hatte den Skipper bei meinen Worten angesehen. „Pitt hat Recht, aber alle anderen sehen unsere Lage auch richtig. Verteilen wir uns. Es wird bei einem erneuten Angriff der Viecher, erst mit den Fettschabern versucht, sie von Bord zu treiben und wenn gar nichts mehr hilft, dann drauf und abhacken, was sich an Bord sehen lässt. Und noch was, jeder achtet auf den Nebenmann, so, dass wir uns gegenseitig helfen können. Schreit so laut ihr könnt, wenn Hilfe notwendig ist."
Hein, Chris und ich gingen nach vorne und wir verblieben beim Niedergang vor dem Mast. Chris stieg in den Mast.
Wir konnten uns gut verständigen. Dann zogen wir uns Fischkörbe herbei und setzten uns darauf. Keiner verlor ein Wort, jeder war erst einmal mit sich selbst beschäftigt. Die Fettschaber und Messer lagen griffbereit. Wir legten noch einmal Dampf auf und zogen

an unseren Pfeifen.
Es war kaum zu begreifen, was wir hier erlebten. Alles war so seltsam. Auf einmal kam ich mir wie verloren vor und ich fragte mich im Stillen, was machst du hier? Warum bist du nicht zu Hause und verlebst dort deine Tage? Du könntest dort auch fischen und dein Geld verdienen. Könntest auch daran denken mehr für die Familie zu tun, das Haus auszubauen. Mir gingen viele Gedanken durch den Kopf und ich begann so ein bisschen die Zukunft zu ordnen.
Doch plötzlich zuckte ich zusammen als vom Mast die Stimme von Chris erschallte: „Alles ruhig, nichts zu sehen!“ rief er in Richtung des Ruderhauses.
Sie hatten die Auskunft von Chris achtern verstanden. Jetzt herrschte wieder Ruhe an Bord. Doch meine Gedanken an die Zukunft waren dahin. Ich merkte, dass auch Hein durch das Rufen vom Mast aufgeschreckt war. Wir steckten uns erneut unsere Pfeifen an.

Hein reichte mir seinen Tabak und meinte: „Nimm mal von meinem starken Tabak, der tut gut, vielleicht verjagen wir damit die Meeresungeheuer, diese Viecher!“
Die See war noch ruhiger geworden. Am Himmel hatten die Wolken, bei ihrer Reise in andere Gebiete, in ihrem Tempo nachgelassen. Sie hatten sich aber etwas mehr zusammen geballt. Dadurch hatte der Mond eine bessere Sicht zu uns an Deck, auf unseren Kutter. Die Augen des Mondes waren ernst und

nachdenklich, er hatte sicherlich auch erfasst, in welcher Lage wir hier unten steckten.
Seit ich hier an Bord war, hatte ich mich viel mit der Fischerei und dem Verhalten der Meerestiere befasst. Claas und ich führten darüber lange Gespräche und ich wunderte mich über seine Kenntnisse. Er hatte immer eine Antwort parat, wenn er auch zugab, dass vieles nur Vermutungen waren. Claas schien ein guter Beobachter gewesen zu sein. Der Fisch und die Fischerei waren ja auch sein Leben. Meine Gedanken wanderten in die Tiefen des Meeres und ich schloss die Augen und fragte mich, was mag dort unten vor sich gehen, was ist dort in der Tiefe passiert?
Ich sehe die rauen Felsen, die tiefen Schluchten, an manchen Stellen kahl und glatt durch die Strömung gespült. Am Boden Geröll und Pflanzen mit überlangen schmalen Blättern, die in der leichten Strömung wiegen. Felsvorsprünge, die gespenstig in die Wasserlandschaft ragen. Auf einer riesigen, fast ebenen Plattform wuchert an vielen Stellen Seegras oder anderes Kraut und bewegt sich gleichmäßig in der Strömung. Seepflanzen strecken ihre Arme aus und angeln nach dem Plankton oder anderen winzigen Tieren. Hier und dort wachsen runde, ballgroße Knollen, wie Kohlköpfe aussehend, an einem Geröllbett, welches die Strömung geschaffen hat. Fische, kleine und größere, in den unterschiedlichsten Formen schwimmen, ohne ein richtiges Ziel mal hierhin, mal dorthin. Sie schrecken zurück, wenn ein größerer Fisch den Weg kreuzt und treten die Flucht an. Wer-

den sie nicht gejagt, verfallen sie schnell wieder in alte Gewohnheiten und schwimmen kreuz und quer über das Weidegebiet. Dann wieder kommen dichte kleine Schwärme um die Felsvorsprünge und ziehen gemächlich durch die Schluchten, umschwimmen das wallende Kraut und suchen die freien Flächen. Ein großer Rochen und noch einer gleiten an dem Schwarm vorbei. Sie bewegen nur die Flügelenden, steuern etwas mit dem langen, eleganten dünnen Schwanz und verschwinden hinter dem Kraut. Mit schlangenartigen Bewegungen huscht ein kräftiger Fisch hinter einen der Steine. Es sieht hier alles so friedlich und ausgeglichen ruhig aus. Doch der Schein trügt. Jeder dieser Fische muss auf der Hut sein, will er sein Leben behüten. Doch gelingt es jedem dieser Lebewesen? Oft ist es nur eine kurze, schnelle Jagd, ein schnelles Zupacken und der Kleinere ist dem Größeren unterlegen. Der Größere gibt dann für eine kurze Zeitspanne Ruhe und beginnt dann das Spiel aufs Neue. Die beiden Rochen steuern seelenruhig auf einen sandigen Boden zu, um sich hier am Boden auf die Lauer nach Beute, nach kleinsten Tierchen, zu legen. Sie, mit ihrer eigenartigen Form, ihrem stachligen Schwanz, haben eigentlich wenig zu befürchten. Deshalb lassen sie es auch ganz ruhig angehen und sie scheinen alles sehr besonnen zu beginnen, um mit dem unter dem Körper liegendem Maul, die Nahrung zu erwischen.
Der sandige Boden liegt vor einigen Felsen.
Dahinter geht es in die Tiefe. Hier stößt sich die Strö-

mung und wirbelt das Wasser auf. Es ist ein Sammelplatz für viele kleine Lebewesen und für eine Vielzahl kleiner und großer Fische. In der Tiefe sind die Rochen nur selten.
Dort ist es auch ihnen nicht geheuer. Sie suchen lieber Plätze auf, die belebt sind und wo sich die meisten Fische tummeln und Nahrung suchen. Die Tiefe, der Felsabhang mit seinen Schluchten und Höhlen, ist das Zuhause der Riesenkalmare und der Kraken. Sie kommen nicht all zu oft in flacheres Wasser, bleiben meistens in den unzugänglichen Tiefen. Ihre Nahrung, ebenfalls kleine Tintenfische, bekommen sie auch dort. Doch in den letzten Wochen musste dort unten etwas Besonderes vorgegangen sein. Immer wieder tauchten die Riesenkalmare oder waren es Riesenkraken bis an die Oberfläche des Meeres auf oder Wale, die durch das Gebiet zogen, tauchten in die Tiefe. Es fanden dort Kämpfe statt. Meistens blieben die Wale Sieger und verschlangen die Kalmare. Doch auch diese griffen die Wale an, wenn sie sich alleine in die Tiefe wagten. Die riesigen Fangarme eines oder mehrerer Riesenkraken oder Riesenkalmare umklammerten dann, die meist kleineren Wale und zerrten sie in die Tiefe, bis der Wal, was selten vorkam, aufgeben musste.
Sie brachten das ganze Leben der Tierwelt durcheinander und sorgten dort unten im Dunklen immer wieder für Aufregung.
Doch als die Wale weiter zogen, trat wieder Ruhe ein und das Leben der Fische normalisierte sich. Nur

ab und zu huschten die Riesenkalmare und Kraken wie Schatten durch das Gebiet der Fische, an die Meeresoberfläche. Mit ihren langen, festen Fangarmen, die bei ihrer stoßartigen Fortbewegung wie lange Schwänze nach hinten wedelten, sahen sie recht eigenartig aus. Eigenartig blickten auch die großen Augen in die Umgebung. Sie schienen durch ihren erhöhten Sitz auf der Vorderseite des Körpers, der wie ein Sack an den Fangarmen sitzt, alles gut zu übersehen und auch in der Dunkelheit des Meeres alles wahrzunehmen.

Aber seit einigen Tagen sorgten die Wanderungen der großen Meerestiere erneut für Unruhe in diesem Gebiet.

Die wiederholten Wanderungen aus der Tiefe des Meeres an die Wasseroberfläche hatten wohl ihre Ursachen in den seit einigen Tagen veränderten Wassertemperaturen, den Wasserströmungen, dem wechselhaften Scheinen des Mondes und der Anziehungskraft, die er ausstrahlt. Doch ihre Unruhe liegt vor allem darin, dass sie die Wale wieder spüren. Allerdings anders als bei den vielen Kämpfen, die sie gerade überstanden haben. Es sind sonderbare Wale, die nur an der Meeresoberfläche bleiben, sich auch nur wenig bewegen und scheinbar nicht kämpfen wollen. Sie haben diese eigenartigen Wale bereits mehrere Male umschwommen und auch versucht sie zu umklammern, doch sie reagieren ganz anders als sonst. Aber es sind Wale, die vielleicht auch auf den Kampf warten.

Nun haben zwei dieser eigenartigen Wale das Gebiet verlassen. Doch dieser eine Wal wird sich zum Kampf stellen, so sind ihre Empfindungen. Sie werden noch einmal diesen Wal suchen, fühlen und spüren was er unternimmt und dann werden sie ihm ihre Kraft zeigen.
Der Ruf von Chris aus dem Mastkorb erschreckte mich erneut und riss mich aus meinen Träumen. Doch nun konnte ich mir vorstellen, was hier vorging und was uns erwartete. So und nicht anders reagierten die riesigen, eigenartigen Meerestiere. Wir mussten mit einem richtigen Angriff der Tiere rechnen und sollten uns unbedingt darauf einstellen.
Ich ging zum Ruderhaus und erzählte dem Skipper meine Vorstellungen. „So mag es sein, so werden sie reagieren. Doch, dass hier solche Riesenkalmare oder Kraken leben, hätte ich nicht gedacht. So ähnlich muss es sich auch zugetragen haben, als der Vater von Claas diese Meerestiere sah." Der Skipper zog wieder an seiner Pfeife, nahm sie aus dem Mund und schob sie wieder hinein. Dann meinte er: „Wir können nur abwarten und dann, wenn sie wirklich kommen sollten, uns so gut wie möglich verteidigen. Es soll jeder gut auf sich aufpassen und nichts wagen, was nicht unbedingt notwendig ist." Ich ging wieder zum Vorschiff und steckte mir eine Pfeife an. Hein schaute mich fragend an. Doch ich zog lange an meiner Pfeife und hüllte mich in eine Qualmwolke. So hatte ich Zeit, noch einmal alles zu überlegen. Aber es musste so sein und laut sagte ich zu den

Beiden: „Sie werden kommen, es dauert nicht mehr lange. Diese Kraken vermuten, hier liegt ein Wal, ein für sie sonderbarer Wal, der sich wenig bewegen kann und der auch nicht tauchen kann. Sie werden versuchen über ihren Erzfeind herzufallen und wollen ihn in die Tiefe zwingen. Wenn wir aufpassen, haben wir nichts zu befürchten. Sie werden es nicht schaffen einen Kutter in dieser Größe umzukippen und dann unter Wasser zu ziehen. Wir werden uns aber mächtig wehren müssen!" Ich steckte meine Pfeife wieder zwischen die Zähne und paffte dicke Wolken in die Luft. Hein schaute mich nur an und sagte gar nichts. Er zog nur das Messer und den Fettschaber dichter zu sich heran.

Der Vollmond schien an Deck und auf die ruhige See, spielte mit den kleinen Wellen. Dann kam der Ruf von Chris aus dem Mastkorb. Er zeigte dazu mit dem Arm auf die See, auf die leuchtenden Stellen im Wasser. Wir sahen es auch. Es lief mir kalt über den Rücken und ich dachte an die Beschreibung des alten Claas. So hatte er auch die ersten Aktionen der riesigen Meerestiere beschrieben. Eigentlich sah es wunderbar aus, die leuchtenden Farben im Wasser. Das rote, grüne, gelbe, blaue und tiefgrüne Leuchten, das Flimmern der Farben, wenn die leichten Wellen durch das Vorwärtsstoßen der Tiere zerteilt wurden, hatte etwas Fantastisches an sich. Es schien alles in Bewegung um uns herum zu sein. Dann tauchten sie wieder ab und kamen blitzschnell wieder zum Vorschein. Ich dachte in diesem Moment nicht daran, dass es doch mehrere Riesenkraken oder Riesenkalmare sein mussten. Ich sah nur, dass sie sich wie im Karussell um uns drehten. Ich ahnte nicht, dass sie nur nach einer Gelegenheit suchten, dass sie warteten, um über uns herzufallen. Wir standen wie erstarrt vor dem Mast und auch im Ruderhaus starrten sie aus dem Fenster und liefen von einer Seite zur anderen. Der Skipper rief Chris zu, er solle noch oben bleiben und uns warnen, wenn sie sich der Bordwand nähern und wir es nicht sehen könnten.

Das Wasser schien um unseren Kutter zu kochen und dabei leuchtete es so herrlich. Sie mussten mit einer großen Geschwindigkeit um uns herum schwimmen, immer dicht unter der Wasseroberfläche. Doch dann war plötzlich der Spuk vorbei. Das Wasser war wieder still und bewegte sich kaum. Nichts leuchtete mehr, die Farben waren verschwunden. Verschwunden war aber auch der Mond hinter einer dunklen Wolke. Eine unheimliche Stille lag über den Kutter. Wir wagten kaum zu atmen, wir spürten alle, dass sich jetzt dort unten was zusammenbraute und uns Schlimmes bevorstand. Keiner glaubte daran, dass sie wieder in die Tiefe getaucht waren. Wir starren immer wieder in die See, um sie zu entdecken. Doch es blieb still und ruhig, nur der Mond spiegelte sich erneut an der Meeresoberfläche und die Wolken zeichneten Figuren darin. Da rief der Skipper aus dem Ruderhaus: „Was siehst du Chris?“ Und Chris antwortete im gleichen Tonfall: „Nichts, Skipper, nichts!“ Und wieder war es still. Nicht einmal das Wasser plätscherte an

der Bordwand oder Taue schlugen gegen den Mast oder gegen die Wanten. Jetzt merkte ich erst, dass ich das Messer fest in meiner Hand hielt. So ging es wohl auch den anderen Fischern, Hein und dem Schipper. Nicht einmal die Pfeifen qualmten mehr, sie steckten bereits in den Taschen, wohl verwahrt.
Ich schaute zum Himmel. Die dicken schwarzen Wolken mussten gleich den Mond wieder freigeben. Ob sie dann wiederkommen? Oder sind sie wirklich abgetaucht, haben sich in ihre Höhlen verkrochen und haben gespürt, dass wir nicht zu ihren Feinden gehören?
Vollmond hatten wir immer noch nicht , es fehlte noch ein kleines Stück. Die Wolken gaben den Mond frei, die Dunkelheit war verschwunden. Die dicke schwarze Wolke machte sich auf den Weg nach Süden. Sie ließ uns hier sitzen.
Jetzt kam der Ruf aus dem Mastkorb und Chris zeigte nach Steuerbord. Doch auch wir hatten das Leuchten im Wasser erneut gesehen. Allmählich leuchtete es wieder um den Kutter rundherum. Doch es war keine Bewegung im Wasser. Sie verharrten und es schien als schauten sie zu uns herüber und beobachteten unser Verhalten. Die Farben flatterten, erloschen und kamen wieder zum Vorschein. Wir wollten gerade zu unseren Pfeifen greifen, wollten uns damit selbst beruhigen, als sich die Leuchtflecken im Wasser auf uns zu bewegten. „Sie kommen!" rief Chris von oben. Jetzt kam auch Claas von unten aus der Kammer. Auch er hatte ein riesiges Schlachtmes-

ser und stellte sich neben Hein. Seine wenigen weißen Haare waren fast aufgerichtet, sein Gesicht war eingefallen und schmal. Doch er wollte auch dabei sein, wollte helfen wie immer. Auch Björn erschien an Deck. Wir sahen es erst, als er sich neben uns stellte. Er hatte sich erholt und wollte nicht abseits stehen, wollte dabei sein.

Hein schrie: „Wir übernehmen die Steuerbordseite, ihr die andere und wenn es ernst wird, sofort rufen oder besser noch kräftig schreien.

Wir werden es den Viechern schon zeigen!“ Es konnte losgehen. Wir hatten lange genug gewartet und unsere Nerven waren aufs äußerste gespannt. Die Leuchtflecken kamen immer näher. Ihre Geschwindigkeit nahm immer mehr zu. Es war klar, diese Riesenkraken oder was es auch sein sollte, würden uns angreifen. Wollen sie unseren Kutter rammen? Wollen sie uns so zerstören? Es sah beinahe so aus. Doch unmittelbar vor der Bordwand hörten die Bewegungen schlagartig auf. Ich musste kräftig schlucken, irgendwie wurde es trocken in meinem Mund, als sich die Arme der Riesenkalmare oder Kraken über die Bordwand angelten. Es waren an unserer Seite nur wenige dieser armdicken Rüssel mit den runden Saugnäpfen. Je weiter sie sich an Deck tasteten, um so dicker wurden die Arme und die runden, flachen Saugstellen wurden größer. Wir standen wie erstarrt. Sie fühlten das Deck an unserer Seite ab. Wussten wohl nicht so recht etwas mit unserer passiven Haltung anzufangen. Es mussten gewaltige Tiere sein, denn die Armlängen, die wir zuerst sahen, hatten wohl eine Länge von beinahe 3 Metern. Einige Arme glitten zurück ins Wasser. Doch schon wieder schossen mehrere Arme erneut über die Bordwand, klammerten sich fest und zogen. Sofort neigte sich unser Kutter etwas auf die Seite. Wir hatten Mühe uns festzuhalten und nicht in die Arme der Riesenkraken zu rutschen. Doch so schnell wie sie zogen, so schnell ließen sie wieder los und wir dümpelten noch etwas hin und her und lagen dann wieder so ruhig wie zuvor. Wieder waren sie abgetaucht, hatten sich zurückfallen lassen ins Wasser. Wieder war es ruhig und still. Keiner von uns sagte ein Wort, jeder horchte in sich hinein und wusste auf einmal, dass es um uns nicht sehr gut bestellt war. Es würde schlimm werden, noch schlimmer, wenn sie nur von einer Seite kommen würden, so wie eben. Das hatte auch der Skipper erkannt. Er rief uns zu, erst dann zuzuschlagen, wenn sie von einer Seite ziehen oder versuchen werden an Bord zu kommen. Claas stand hoch aufgerichtet, aber recht blass neben uns. „Hast du gesehen, was für mächtige Arme diese großen Kraken haben?“ fragte er mich. Ich nickte nur mit dem Kopf und dachte, nur nicht in die Nähe der Saugnäpfe kommen. Der Skipper hatte uns über deren Kraft aufgeklärt. Dann ist es aus, sollten sie dich zu fassen bekommen. Björn stieg noch einmal in die Last und holte mehrere Äxte heraus. Er meinte, vielleicht können wir sie besser gebrauchen, als die Fettschaber. Er machte einen guten Ein-

druck und hatte den Schock bestimmt überstanden. Hein griff sofort danach. Das Ding war ihm weitaus handlicher und er wusste, dass er damit umgehen konnte. Den Fettschaber hakte er in die Wanten.
In dem kleinen Ruderhaus rannte der Skipper von einer Seite zur anderen. Die Gedanken in seinem Kopf schienen sich zu überschlagen. Wären sie nur verschwunden und hätten die Angeln liegen lassen. Wir haben diese Riesenkalmare oder Kraken mit ihrer Angriffslust unterschätzt.
Doch jetzt wagte er es auch nicht mehr, denn die Angeln waren noch mehr zusammengetrieben und die langen Schnüre mit den ab und zu dazwischen angebundenen Auftriebsblasen sahen sie um den Kutter schwimmen. Die Gefahr des Eindrehens in die Schraube, bei einem Manöver, lag klar auf der Hand. Brachte also gar nichts. Lieber bleibe ich liegen, dachte er. Die Riesenkraken würden uns auch bei der Flucht noch angreifen. Es sind bestimmt Riesenkraken, keine Kalmare.
Doch all diese Gedanken waren sowieso nutzlos. Plötzlich waren sie wieder da. Diesmal tauchten sie unmittelbar an beiden Seiten des Kutters auf, angelten mit ihren starken Armen über die Bordwand, fuhrwerkten an Deck umher und begannen erneut zu ziehen. Wir blieben auf unseren Plätzen, machten nichts. Sahen nur zu, wie die starken Arme alles, was in ihrer Reichweite lag, abräumten, an die Bordwand zogen und dann mit Schwung über Bord warfen. Die Arme begegneten sich beinahe in der Mitte des

Decks, soweit war ihre Reichweite.
Jetzt versuchte eines dieser Tiere sich über die Bordwand zu ziehen. Unmittelbar bei uns am Mast rollten sich zwei der Arme um das Tauwerk. Langsam kam der Körper auf der Bordwand zum Vorschein. An Deck schauten zwei riesige, eigenartige, tiefdunkle Augen. Das war es wohl, was das Tier bezweckte, es wollte sehen, nicht nur empfinden und fühlen was sich hier bei uns tat. Die Augen wanderten umher und erfassten das Ruderhaus, mit den im Mondlicht blitzenden Scheiben. Es schob sich noch ein bisschen mehr auf die Bordwand. Ich zählte wohl insgesamt acht, vielleicht auch zehn von diesen Armen. Sie waren aber nicht alle in der gleichen Stärke und gehörten auch nicht nur zu einem dieser Tiere. Mehrere hoben sich blitzschnell von Deck ab, stellten sich nach oben und schienen in der Luft zu tasten oder irgendetwas zu spüren oder zu empfinden. Ob sie empfanden, dass sie vom Ruderhaus beobachtet wurden? Uns vor dem Mast schienen sie zu übersehen. Dann fielen die Arme wieder behutsam an Deck zurück. Und wieder fuhren die Arme nach oben. Einige waren miteinander verschlungen, lösten sich dann wieder voneinander und mehrere griffen nach den Wanten, ganz in unserer Nähe. Jetzt hatte eines der Tiere uns wahrgenommen. Die Arme glitten wieder von den Wanten herab, andere, die an der Bordwand Halt gesucht hatten, bewegten sich in unsere Richtung. Halb erhoben und sich nach vorne orientierend kamen sie immer näher. Einer der

kleineren Arme machte eigenartige, kreisförmige Bewegungen, die anderen verharrten. Ich schaute mit starrem Blick auf die Arme und in die Augen des Riesenkraken. In diesem Moment war ich nicht in der Lage mich zu bewegen und etwas zu unternehmen. Es war wohl der Blick des Tieres, der mich und meine Freunde still und bewegungslos verharren ließ.

Immer noch schien der eine kleine Arm auszukundschaften, was es wohl mit uns auf sich haben könnte. Die Augen maßen aus, mit wem sie es zu tun hatten, wir sahen es an den Bewegungen der Pupillen. Plötzlich veränderten sich die Augen, sie schienen sich zusammen zu ziehen, hatten plötzlich eine fast grüne Färbung und von den Armen stießen mehrere auf uns zu. Wir fielen beinahe hintenüber, als wir unsere Körper nach hinten zurückfallen ließen. Die Arme hatten uns nicht erfasst und stießen ins Leere. Mit unserem Kampfgeist war es nicht weit her, am liebsten wären wir den Niedergang hinabgestürmt und hätten uns verkrochen. Auch meinem Freund Hein ging es nicht anders. Vielleicht war es auch besser sich zurückzuziehen und nicht einzugreifen, die Angriffslust der Kraken nicht noch anzustacheln.

Doch das Deck verlassen wollten wir auch nicht. Auch Björn und Claas drängten sich zu uns. Sie hatten beobachtet, wie der Riesenkrake mit seinen Armen auf uns zugeschossen kam. Wir standen nun alle mit dem Rücken zur Back und hatten eigentlich fast keine Bewegungsfreiheit mehr.

Keiner wusste wie er sich verhalten sollte. Chris, der

immer noch im Mast saß und sah was mit uns los war, rief: „Los verschwindet nach unten!“ Er hatte wohl die beste Übersicht von dort oben. Doch unsere Beine versagten uns den Dienst. Wir standen, wo wir standen, rührten uns nicht mehr. Das war vielleicht gut so, denn die Arme des Kraken zogen sich ganz langsam zurück bis zur Bordwand. Die Augen des Kraken hatten uns immer noch erfasst. Mir schien es, als würde der Blick mich durchdringen. Ich war vor Angst vollkommen durchgeschwitzt und mein Geist schien wie gelähmt. Als sich der Körper des Tintenfisches wieder von der Bordwand in die See gleiten ließ, schienen wir wieder zu erwachen. Alle atmeten tief durch. Auch die anderen Riesenkraken waren bis auf einen, der vor dem Ruderhaus mit den Armen alles untersuchte, ins Wasser zurück geglitten. Doch auch dieser Meeresbewohner rutschte mit seinen langen Armen wieder von Bord.
Es trat wieder Ruhe ein. Das Wasser umspülte unseren Kutter, als wäre nichts passiert. Der Mond hatte sich teilweise hinter einer dicken Wolke versteckt und blinzelte nur mit einem Auge auf uns herab.
Der Skipper kam aus dem Ruderhaus. Er tastete sich vorsichtig über das glitschige Deck. Er hatte im Ruderhaus den Angriff auf uns verfolgt. So ganz langsam konnten wir wieder durchatmen. Der Skipper befühlte Björn, Claas und Hein. Er wollte wohl selbst wahrnehmen, dass an uns noch alles dran war und sich keiner verletzt hatte. Auch er atmete tief durch, sagte nichts und schaute uns nur an. Ich weiß eigentlich

gar nicht, was ich dachte, als die Arme der Krake auf mich zu kamen und sie dann auf uns zustießen. Gott sei Dank, waren wir noch schnell genug zurückgewichen. Was wäre passiert, hätten die Arme mit ihren Saugnäpfen uns erfasst? Hein schaute mich an. Das Haar klebte auf seiner Stirn. Dann sagte er und seine Stimme klang ganz anders, wie ich es sonst kannte: „Noch mal gut gegangen. Ich glaube, sie hätten uns ins Wasser gezogen. Ich konnte überhaupt nichts machen, nicht reagieren. War wie gelähmt. Dir ging es bestimmt auch nicht anders?“ Da hatte er Recht. Ich konnte nicht einmal denken, von reagieren war, bis auf das Zurückweichen, keine Spur. „Wir sind recht tolle Helden!“ erwiderte ich.
Der Skipper zog seine Pfeife heraus, hielt uns seinen Tabakbeutel hin, sagte aber immer noch nichts. Claas und Björn standen noch immer mit dem Rücken zur Back. Die Pfeife, der Tabak brachte sie wieder in Bewegung. Der Skipper blies eine mächtige Qualmwolke von sich. Dann rief er zum Mast hinauf: „Was zu sehen Chris?“ „Nichts zu sehen Skipper, alles ruhig, auch kein Schillern im Wasser!“ kam die Antwort zurück. Hein machte sich jetzt Platz und schob Claas und Björn zur Seite. Er langte zu den Fettschabern und suchte sich einen, mit einem besonders langen Stiel. Dann führte er Stichbewegungen in Richtung Bordwand durch. Er kam mit dem scharfen Schaber gut an die Bordwand heran, auch wenn er in der unmittelbaren Nähe des Mastes blieb. Jetzt fand auch der Skipper die Sprache wieder. „Hein hat den rich-

tigen Gedanken, wenn die Viecher wieder angreifen, sollten wir versuchen ihre Körper zutreffen. Dazu sind die Fettschaber vorteilhaft. Nehmt euch vor den Armen in Acht. Ihr habt ja gesehen, wie schnell sie damit sind. Sollten sie die Fettschaber wegschieben, dann nehmt die Axt oder die Messer.“ Der Skipper nahm ein Tau, band es am Mast fest und nahm das andere Ende mit zum Ruderhaus. Dort band er es straff an eine Halterung. So hatten wir so etwas wie eine kleine Sicherung, falls wir den Schutz des Mastes und der Back verlassen mussten. Konnten uns festhalten. Als Chris immer noch meldete, dass sich nichts rührte, versuchten wir das Deck zu reinigen. Wir wollten wieder festen Boden unter den Füßen haben. Mit dem Schleim an Deck, hatten wir von vornherein die schlechteren Karten, dachten wir. Vielleicht hätten wir lieber auf das Reinigen oder vielmehr auf das Abspülen verzichten sollen, denn als das erste Wasser von Deck zurück ins Meer floss, waren sie wieder da.
Chris rief von oben aus dem Mast, doch wir sahen selbst, dass das Spiel von vorne begann.
Wieder tasteten und angelten die Arme an Deck umher. Eines der Riesenkraken hatte sich beim Ruderhaus auf die Bordwand gezogen. Die langen Arme fuhren über die Brückenfenster. Dann glitten sie herab und umschlangen das letzte Fass, welches noch an Deck stand. Es war besonders fest gezurrt, da es mit Waltran gefüllt war. Wie verrückt zerrten gleich mehrere Arme an dem Fass. Doch das Fass rückte

und rührte sich nicht. Die Angriffe wurden immer heftiger. Jetzt kam ein weiterer Riesenkrake dazu. Einer dieser kräftigen Arme drückte die Zurrung zusammen, gleichzeitig umklammerten wohl zwei der Arme den unteren Teil des Fasses.
Der Skipper im Ruderhaus musste dieses Schauspiel mit ansehen. Ihm sträubten sich die Haare, als er sah, mit welcher Kraft die Tiere an dem Fass wirkten. Dann hatten sie es geschafft. Mit einem leichten Knall krachte das Fass gegen die Bordwand, nachdem es aus der Zurrung gezogen wurde. Jetzt griff gleich eine Vielzahl von Armen danach. Es war leckgeschlagen und ganz langsam lief der Tran an Deck. Die Arme verloren den Halt und rutschten vom Fass. Als sie wieder nachfassten, schlug das Fass erneut gegen die Bordwand und zersplitterte. Der Tran lief vollständig an Deck. Plötzlich war es wie in einem Hexenkessel. Die Riesenkraken stürzten sich förmlich noch einmal auf alles, was sie an Deck erreichen konnten. Die Dauben des Fasses waren längst über Bord geflogen, als sie begannen an beiden Seiten der Bordwand zu ziehen, die Arme um die Wanten und Taue wickelten und sich selbst in ihren Armen verfingen. Man konnte meinen, es wäre ein Tollhaus. Wir auf dem Vorschiff hatten uns an den Mast und an den Halterungen der Back festgekrallt. Wir hatten große Mühe unsere Schaber und Äxte in den Armen zu behalten. Wieder versuchte eines dieser Viecher mit seinen Armen bis zum Mast vorzudringen. Hein hatte seinen Schaber fest umklammert und ich hielt

meine Axt in den Fäusten. Mit dem Fuß stieß ich einen der Fischkörbe in Richtung der Arme. Sofort packten sie den Korb und drückten ihn zusammen, dann flog er über Bord. Als die Arme den Korb hatten, stieß Hein mit dem Schaber nach dem Körper des Riesenkraken. Der Schaber hatte getroffen. Das Vieh erstarrte im ersten Moment. Dann drehten sich die Arme um den Stiel, drückten diesen nach unten bis er zerbrach. Hein hatte schon losgelassen, als die Arme den Stiel packten. Ich zog Hein zurück. Der Riesenkrake plumpste ganz plötzlich zurück ins Wasser. Claas hatte mit großen Augen diesen Kampf verfolgt.

Als der Riesenkrake verschwand, sprang er nach vorne und schlug mit der Axt auf die Bordwand. Es war wohl über seinen Verstand gegangen, was sich hier abspielte. Ich sprang hinzu und zog ihn zurück. Ich wollte es jedenfalls, rutschte aber in dem Tran aus und landete mit Claas an Deck vor der Bordwand. Claas wehrte sich wie ein Wilder, hatte immer noch die Axt in den Fäusten. Ich versuchte ihn herunter zudrücken, denn über uns waren mehrere Arme der Riesenkraken und fummelten in der Luft umher. Es kam mir jedenfalls so vor, als sondierten sie den Raum vor uns, aus dem unser Angriff gekommen war.

Ich konnte Claas nach unten drücken. Jetzt war er wenigsten ruhig und schrie nicht mehr. Doch unsere Lage war nicht rosig. Es brauchte nur einer der Arme nach unten fallen oder sich abstützen und wir

wären dann bestimmt die ersten Opfer. Hein und auch Björn hatten alles mit angesehen. Beide hatten Fettschaber in den Händen. Als sich die Arme erneut nach vorne bewegten, stießen sie zu. Wir sahen die scharfen Schaber über uns und merkten erst, als die Arme zurück glitten, dass beide getroffen hatten.
Ich konnte Claas aufrichten und Hein zog uns mit seinen gewaltigen Kräften zurück hinter den Mast. Claas zitterte am ganzen Körper. Wir stießen ihn beinahe unter Deck und schlossen das Backschott. Nur unter Deck dachten wir, bevor er erneut etwas anstellt und sich und uns in Gefahr bringt. Auch auf dem Achterschiff war es nicht glatt abgelaufen. Die Arme eines Riesenkraken hatten zwei der Brückenscheiben des Ruderhauses eingedrückt. Beim Zurückziehen hatten mehrere Arme tiefe Schnittwunden. Das führte zu heftigen Angriffen auf das Ruderhaus. Die Arme mit den Saugnäpfen hatten sich wie Schlingpflanzen um die Vorderseite des Ruderhauses gelegt. Sie drückten schoben und zerrten, doch nur an den Neigungen und den heftigen Bewegungen des Kutters spürten wir die Kraft, mit denen sie diese Angriffe führten. Irgendwie hatten sich die Riesenkraken um das Achterschiff mit dem Ruderhaus konzentriert. Kam es von dem Waltran, der hier noch an Deck stand oder waren es die restlichen Scheiben der Brückenfenster, in denen sich der Mond spiegelte? Es konnte schon so sein, dass die Spiegelungen die Meerestiere vermutlich immer mehr anstachelten. Sie schienen es aber genauso auf den Tran an Deck

abgesehen zu haben, denn ihre Arme fuhren immer wieder blitzschnell über Deck, durch den Tran. Da sie dort nichts mehr zum Zupacken hatten, schüttelten sie die Arme beim Emporheben und schlugen sie gegen das Ruderhaus. Die Stagen, die den Achtermast hielten, waren zum Teil gebrochen. Die einzelnen Gardeele hatten sich aufgedreht und flatterten bei den Angriffen wild umher. Immer wieder versuchten sie danach zu greifen. Auch die Handläufer um das Ruderhaus waren rausgerissen und hingen herunter. Das gespannte Haltetau war längst zerrissen und rutschte an Deck umher. Jetzt musste sich der Skipper selbst helfen und wehren.
Immer wieder schoben sich die Arme in das Ruderhaus hinein. Doch er musste wohl am Boden liegen oder hatte sich in den kleinen Kartenraum zurückgezogen.
Hinter uns ging das Backschott wieder auf. Dort kam jetzt Claas wieder zum Vorschein. Er hob gleich beruhigend die Arme und meinte: „Mir geht es wieder einigermaßen, ich bin wieder da und werde euch helfen." Er wollte erzählen, doch als er sah, was sich auf dem Achterschiff abspielte, verstummte er wieder. Auch Chris war längs zu uns an Deck herabgestiegen. Eigentlich waren wir jetzt eine kampfstarke Mannschaft, wir hatten uns gefangen. Die gelungene Gegenwehr machte uns stark.
Doch was konnten wir gegen diese wendigen, starken und vermutlich auch sehr klugen Tiere ausrichten? Eigentlich gar nichts. Sie waren uns total

überlegen und wir waren gut beraten, wenn wir uns zurückhielten bei ihren Angriffen. Wir fürchteten nun aber um das Leben des Skippers. Die Riesenkraken hatten die restlichen Fenster der Brücke eingedrückt. Sie versuchten mit den Armen ins Innere des Ruderhauses einzudringen. Die Arme hatten sich wie ein dickes Knäuel zusammengedreht. Die Attacken der Tiere wurden immer dreister und gefährlicher. Jetzt hatten sich zwei von ihnen an Deck fallen lassen. Fallenlassen konnte man eigentlich nicht sagen, sie hatten sich mit den Armen abgestützt und waren an Deck geglitten. Mit den Armen stützten sie sich jetzt auch ab, zogen den Körper leicht von Deck und stelzten auf das Ruderhaus zu.

Ihr sackartiger Leib hing dabei schräg nach unten, es sah aus wie das Bild einer Hexe, die den Kopf vorgestoßen hatte und den runden Buckel und den weiten Rock nachzog. Einige der Arme sondierten vor der Wand des Ruderhauses. Die anderen Riesenkraken zogen überwiegend ihre Arme aus dem Brückenfenster zurück. Sie versuchten es an den Seiten erneut, um nach innen zu kommen. Mir lief es kalt über den Rücken. Ich überlegte, ob wir helfen könnten. Doch wir würden nicht bis zum Ruderhaus kommen. Hein hatte nach einer Axt gegriffen und machte Anstalten nach achtern zu stürzen. Ich fasste ihn an die Joppe und als er mich ansah, schüttelte ich nur mit dem Kopf.

Jetzt versuchten beide Kraken in das Ruderhaus zu gelangen. Sie hatten den hinteren Teil ihrer Arme am

Ruderhaus angelegt, hielten sich mit den Saugnäpfen fest und steckten den vorderen Teil der Arme in die Brückenfenster.
Plötzlich zogen sie die Arme zurück. Es sah aus als wollten sie sich von der Brücke an Deck fallen lassen. Der Skipper hatte zugeschlagen. Er hatten wohl zwei der Arme getroffen, die jetzt wie leblos nach unten hingen. Eines der Tiere zog den Kopf nach oben, so als wollte es untersuchen, was mit dem Arm passiert war. Doch gleich danach schlugen die restlichen Arme mit voller Wucht an die Fenster, so das sich der Rahmen löste und zersplitterte. Mit einer unheimlichen Wendigkeit zogen sie ihre Körper nach oben und es sah aus als wollten sie jeden Moment in das Ruderhaus stürzen.
Doch wieder ging ein Zucken durch die Körper, sie verharrten und fielen dann regelrecht an Deck. Dort drehten sie sich beinahe im Kreise, die Arme angelten nach der Bordwand. Schwerfällig zogen sie die Körper über die Bordwand. Mit einer kleinen Wasserfontäne plumpsten sie ins Meer. Der Skipper hatte mit dem kleinen Schaber den Angriff abgewehrt und den Tieren tödliche Verletzungen beigebracht. Es schien, als könnten wir aufatmen und die Riesenkraken würden sich zurückfallen lassen und die Angriffe einstellen. Sie hatten wohl die Arme noch am Ruderhaus fest verankert, doch die augenblicklichen Bewegungen waren ungefährlich. Als sich einige vom Ruderhaus lösten und die Arme erneut an Deck umhersuchten, dachten wir, es ist vorbei.

Wir haben es überstanden. Wieder hatte sich eine dunkle Wolke vor dem Mond geschoben. Es war gespenstig dunkel an Deck. Bisher griffen sie nur an und wurden aktiv, wenn der Mond frei auf uns hernieder schien. Immer, wenn durch den Mond genügend Helligkeit unseren Kutter von der Dunkelheit befreite, passierte etwas, wurden die Riesenkraken aktiv. Die Dunkelheit hemmte scheinbar ihre Reaktionen hier oben. Doch diesmal war es anders. Sie ließen ihre Arme nicht herabgleiten, gaben das Ruderhaus nicht frei. Es schien, als ob neue Arme hinzukamen. Jetzt hatten sich mehrere Riesenkraken mit ihren Körpern auf die Bordwand gezogen. Gleich musste es wieder heller werden, denn die dunkle Wolke gab den Mond frei.

Lichtfetzen streiften die zerdrückten Fensterscheiben. Es blitzte und blinkte dort überall. Als wenn sie nur auf etwas mehr Helligkeit warteten, begann jetzt ein neuer Abgriff. Uns schauderte, mir war, als wenn immer mehr Arme an der Bordwand nach oben angelten und ihre Körper hochzogen. Auch bei uns am Mast vor der Back streckten sie wieder ihre Arme nach uns aus. Mir wurde fast schwindlig, so arbeitete mein Blutdruck. Auch ich umklammerte einen der Fettschaber. Chris hatte sich neben uns gestellt und Björn war von der Backbordseite zurückgewichen. Claas hatten wir glücklicherweise wieder in unsere Kammer in der Back geschoben. Er war erneut kurz vor dem Durchdrehen. Mehrere, in meinen Augen riesige Arme versuchten uns am Mast zu erfassen.

Hein reagierte als erster und stieß seinen Schaber in den Arm eines Kraken. Den Körper konnte er nicht treffen, da ihn das Tier geschickt mit mehreren Armen verdeckte. Jetzt wurde es für uns ernst. Meine Aktionen mit dem Schaber waren nutzlos. Noch bevor ich zustoßen konnte, wurde er umschlungen. Ein kurzer Schwung genügte und ich ließ ihn fallen. Er rutschte an die Bordwand. Wurde dort von anderen Armen ergriffen und zerbrochen. Immer näher schlängelten die Arme vor unseren Beinen und dem Mast. Zum Ergreifen gab es nichts mehr. Mehrere Arme zogen an den Tauen, die am Mast und den Wanten herunterhingen. Die Wanten waren widerstandsfähig und alle Mühen, hier die Querverbindungen herauszureißen misslangen. Ich hatte die Axt ergriffen und ließ sie auf diese eigenartigen, geschmeidigen Arme niedersausen. Es war wie in einem Traum. Ich sah kaum noch ob ich traf und ob sich die Arme zurück zogen oder nicht. Wie von Sinnen schlug ich nur zu. Auch Hein hatte es gepackt. Er stieß verzweifelt mit seinem Schaber. Er hatte mehr Erfolg als ich und als er mich packte und zurückzog, sah ich wie nacheinander ihre Körper von Deck rutschten. Wir hörten nicht auf zu stoßen und schlugen um uns in unserer Verzweiflung. Chris griff nach einem der Messer und versuchte mit Stichen die Arme zurück zu drängen. Immer näher kamen diese verfluchten Viecher, immer mehr Arme wurden durch uns verletzt und eine Vielzahl der Tiere wurde wohl tödlich getroffen und sie fielen über Bord ins Wasser zurück.

Es war ein unerbittlicher Kampf um Leben und Tod. Wir wussten, dass nichts uns retten konnte, sobald uns einer der Arme erfasst hätte. Es war nur gut, dass der Mast, die Wanten und die Back uns wenigsten ein bisschen Sicherheit gaben. Björn hatte das Backschott erfasst und wollte es öffnen. Er rief, doch wir verstanden nichts. Er zog Chris zum Schott und rief uns etwas zu. Ich sah es nur ganz zufällig als ich meine Axt aufhob, die mir aus der Hand rutschte, als ich mich an den Talgen des Mastes festhalten musste. Von Deck verschwinden, ja, es ist bestimmt das Richtigste, was Björn uns klarmachen wollte. Ich versuchte Hein zu zeigen, dass wir an Deck nichts mehr ausrichten konnten und wollte ihm sagen, dass unter Deck wohl der sicherste Platz wäre. Doch Hein verstand nichts und es kam alles anders als ich dachte.
Denn als Björn endlich das Schott aufgestoßen hatte, stand plötzlich Claas wieder vor ihm. Er sah tatsächlich nicht mehr aus wie unser guter alter Bordvater. Seine Haare hingen wild um seinen Kopf, die Augen hatte er weit aufgerissen, die eine Hand streckte er wie eine Kralle nach vorne und in der anderen hatte er wieder sein langes breites Messer. Er hatte wohl die Ungewissheit dort unten nicht ertragen, sich nicht beruhigen können.
Chris wich zurück und Björn bewegte sich nicht, stand völlig hilflos da. Claas stürmte an Deck. Er schrie irgendetwas, was wir nicht verstanden. Er kam direkt auf mich zu. Ich ließ meine Axt erneut fal-

len und griff nach seiner Jobbe. Hielt ihn fest und zog ihn zum Mast. Vor uns schlängelten die greifenden Arme der Riesenkraken. Claas versuchte sich loszudrücken, doch ich hatte ihn fest umschlungen. Ich sah, wie Hein den Arm ausstreckte, um uns aus dem Gefahrenbereich der Arme zu ziehen. Doch plötzlich neigte sich der Kutter wieder. Ich stemmte meine Beine dagegen, verlor den Halt und rollte mit Claas auf die Arme der Riesenkrake zu. Doch die Arme wichen aus, hoben sich und schlängelten zur Seite. Wir lagen direkt an der Bordwand und Claas unter mir. Er hatte aufgehört sich zu wehren. Beide waren wir wohl starr vor Entsetzen, denn über uns verharrten die Arme der Riesenkrake. Sie brauchten nur auf uns herabzustoßen und wir wären rettungslos verloren. Plötzlich neigte sich unser Kutter wieder zur anderen Seite und wir rollten zurück zum Mast. Claas hatte sich wieder an mich festgekrallt und wäre Hein nicht gewesen, hätten wir uns nach dem erneuten Neigen des Kutters an der Bordwand wiedergefunden. Er packte Claas und zerrte uns hinter den Mast.
Die anderen hatten mit angesehen, wie wir nur durch das plötzliche Verharren der Tiere dem sicheren Tot entgingen. Vermutlich war alles zu schnell gegangen und sie hatten vielleicht einen Angriff erwartet, als wir an die Bordwand rollten. Doch dieses grausame Spiel war noch nicht zu Ende. Als Hein Claas auf die Beine stellte und dieser mich losließ neigte sich erneut der Kutter. Ich verlor wieder den Halt unter den Füßen und rutschte auf dem Bauch liegend

wieder zur Bordwand. Ich wusste, was mich erwartete. Blitzschnell griff ich nach dem Haltetau, das der Skipper an den Mast gebunden hatte und dessen loses Ende jetzt an Deck lag. Meine Rutschpartie konnte ich damit abbremsen. Der Angriff des Riesenkraken kam aber sofort. Einer der Arme umklammerte meine Beine. Ein anderer Arm griff nach meinem Körper. Ich dachte nichts weiter als festhalten, festhalten, nur festhalten, du darfst nicht loslassen. Hein hatte meine schwierige, ja, fast aussichtslose Situation erkannt. Er ließ Claas los, griff nach einem Fettschaber und stieß nach dem Angreifer. Doch andere Arme verhinderten, dass er den Körper traf. Es war wohl meine Rettung, dass der Riesenkrake es plötzlich auch mit Hein zu tun hatte. Ich spürte wie meine Jobbe zerrissen wurde. Der Arm faste aber sofort nach und ich merkte die Stachel seiner Saugnäpfe auf meinem Rücken.

Jetzt wurde ich angehoben und ich sah mich schon auf dem Weg ins Wasser. Doch dann landete ich wieder an Deck. Die Arme hatten mich aber noch nicht freigegeben. Ich fühlte große Schmerzen im Rücken und der Druck an den Beinen war auch kaum noch zu ertragen. Wieder wurde ich angehoben und wieder krachte ich mit voller Wucht an Deck zurück. Die Arme lösten sich von meinem Körper und ließen mich frei. Ich lag immer noch in Greifnähe der anderen Arme, konnte mich aber nicht erheben. Dann spürte ich, dass man mich erneut packte. Es waren Hein und Chris, die mich in Sicherheit brachten. Sie waren es auch, die dem Angriff des Riesenkraken ein Ende bereiteten. Hein hatte mit seinem Schaber den Körper getroffen und Björn und Chris hatten mit ihren Messern die Arme des Tieres bearbeitet. Es plumpste tot ins Wasser.

Björn hatte das Backschott geöffnet und sie legten mich hier vorsichtig auf dem Boden. Alle Leute vom Vorschiff hatten sich jetzt hier versammelt. Der Skipper hatte geschrien, wir sollten von Deck gehen. Hein rammelte das Schott zu und ließ sich auf den Boden fallen.

Doch als er sah, dass mein ganzer Rücken blutig war, beugte er sich über mich und untersuchte die Wunden. Er meinte es sieht schlimmer aus als es ist, du wirst es schnell überstehen. An zwei Stellen fehlte die Haut auf meinem Rücken und teilweise war auch etwas Fleisch heraus gerissen worden. Chris zerriss sein Hemd und ich wurde notdürftig verbunden.

Irgendwie waren wir alle mit mir und meinem Rücken beschäftigt und mit dem Schließen des Schotts wurden wir wieder ruhiger.

Claas stand nun an dem Schott und versuchte durch das kleine Bullauge zu schauen. Als Hein Claas an dem Schott sah, wollte er aufspringen und ihn zurückreißen, doch Claas streckte ihm seinen Arm entgegen und mit einer geöffneten Hand machte er deutlich, ich bin wieder da, keine Angst ich habe es wohl überstanden. Doch Hein schob Claas behutsam zur Seite und versuchte nun selbst an Deck zu schauen. Er verdrehte seinen Kopf, um besser sehen

zu können, schaute nochmals nach beiden Seiten und rief: „Sie sind weg!“
Auch der Kutter lag vollkommen ruhig in der See. Doch dann wich Hein plötzlich zurück und es krachte an dem Schott. Es war der Skipper. Schnell öffnete Hein und ließ ihn hinein. Der Skipper schaute besorgt in unsere Runde. Als er sah, dass ich immer noch heftig blutete, rief er: „Wartet einen Moment.“ Er öffnete das Schott und war in wenigen Minuten mit einem Beutel mit Binden und anderen Verbandsmaterialien zurück. Schnell und geschickt legte er mir einen Verband an. Gab mir dann eine Decke und setzte mich in eine Ecke in der Back.
Immer noch lag unser Kutter ruhig und bewegte sich nicht. Der Himmel hatte sich wieder zugezogen und dicke Wolken verdeckten den Mond. Wir wagten gar nicht daran zu denken, dass die Angreifer nun vielleicht doch in die Tiefe des Meeres abgetaucht waren und es aufgaben ihren Wal zu bearbeiten.
Der Skipper öffnete das Schott und schickte Chris erneut in den Mast. „Nichts auszumachen“, rief er nach kurzer Zeit von oben. Wir trauten dem Frieden immer noch nicht und warteten. Doch Chris konnte nichts mehr im Wasser entdecken. Als der Mond wieder hervorschaute, verließen wir schnell wieder das Deck, das einige der Fischer betreten hatten. Doch auch jetzt rührte sich nichts. Wir hatten es wohl überstanden. Doch immer noch waren alle vorsichtig, als wir erneut an Deck gingen.
Aufzuklaren gab es nichts, da alles von Deck ver-

schwunden war. Das Tauwerk am Mast konnte man auch nur festzurren. Schlimm sah es im kleinen Ruderhaus aus. Es war ein einziger Trümmerhaufen. So weit es möglich war, machten wir unseren Kutter wieder seeklar.

Ich konnte kaum mithelfen und wurde als Ausguck ins Ruderhaus gestellt. Mein Rücken schmerzte, mir tat alles weh. Aber ich hatte mich beruhigt und die Pfeife und der Tabakqualm taten ihr übriges. Nie hätte ich geglaubt, dass Riesenkraken einen Kutter angreifen würden und mit einer solchen Kraft und Ausdauer einen Kampf führen können. Als Claas sich neben mich stellte und seine Hand auf meinen Arm legte, dachte ich an unser Gespräch zurück. Ich schob ihm meinen Tabak zu. Erst nach einer ganzen Zeit meinte er dann: „Es sind mutige und stolze Tiere, diese Riesenkraken. Sie haben versucht den Kampf mit dem Wal fortzuführen und fühlten wohl, dass sie ihn gewinnen könnten. Der Walgeruch und unser Waltran haben diesen Irrtum herbeigeführt." Und nach einer ganzen Zeit fügte er hinzu: „Aber sie konnten nicht wissen, dass ihr größter Feind der Mensch ist."

Claas sah mich fragend an und ich konnte dazu nur nicken. Dann sagte Claas plötzlich: „Du hast mir das Leben gerettet und ich brachte dich in Gefahr. Ich war wie von Sinnen, diese Augen, diese Arme mit ihren Bewegungen und dann die Gedanken an meinen Vater. Es war wohl für mich zuviel." Claas wühlte in seinen Taschen, in der Hose, der Jobbe und dann zog er eine Pfeife hervor. „Nimm sie und erinnere dich

an mich, an den verrückten Claas!“ Erst sah es so aus, als wolle er mir auf den Rücken klopfen, doch dann legte er die Hand auf meinen Kopf, schaute mich an, schaute in die See und verließ die Brücke. Ich konnte nichts entgegnen, schluckte nur und in meinem Herzen wurde es warm und mollig.
Als wir in den Heimatort kamen, schauten alle mit Grauen und Entsetzen auf unseren Kutter. Unsere Geschichte konnten sie kaum fassen und mancher hätte gezweifelt, wäre nicht der Schaden an unserem Kutter gewesen. Sie kurierten mich damals aus und brachten Hein und mich in einen Hafen, wo wir schnell wieder ein größeres Schiff fanden und nach See gingen. Als wir in das Gebiet der Riesenkraken kamen, standen wir an der Reling und schauten in die dunkle See. Wie damals war die See ruhig und unbewegt. Der erneut zunehmende Mond versuchte durch die vorbei ziehenden Wolken zu schauen. Wir rauchten unsere Pfeifen. Unsere Gedanken waren bei Claas und den anderen Fischern, aber auch bei den Riesenkraken. Welches Schicksal mag sie in den kommenden Jahren wohl erwarten?
Wir stopften erneut unsere Pfeifen und ließen den Tabakrauch durch den leichten Wind in die unendliche Weite der See verwehen. Angenehm warm und gut lag die Pfeife vom alten Claas in meiner Hand.“

„Das war die Geschichte von Jan und seinem Urgroßvater, dem Borner Seemann. Mit Jan fuhr ich noch lange Jahre, bis er zur Seefahrtsschule ging.

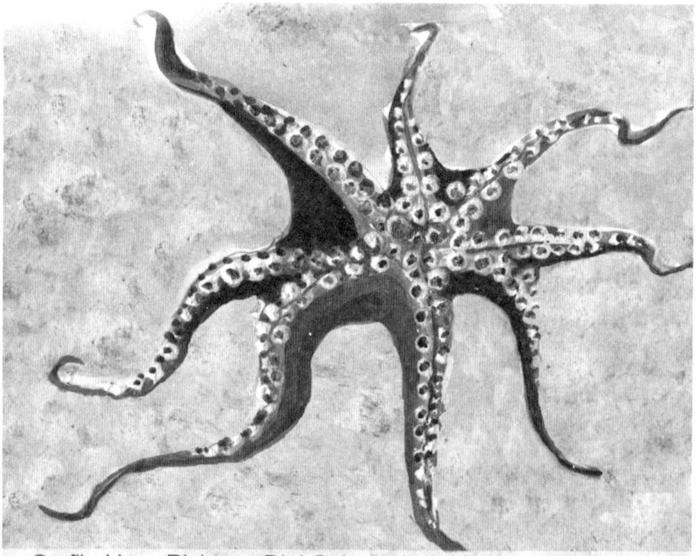

Grafik: Hans Richter - Dipl.Gebrauchsgrafiker

Auch danach verloren wir uns nie aus den Augen und blieben gute Freunde“, erzählte mein Freund.

Mit dem Erzählen dieser Geschichte möchte ich das Buch nicht einfach zuschlagen. Ich habe in meinen Büchern, in alten Zeitungsausschnitten und natürlich im Internet nachgeforscht und einiges über diese geheimnisvollen Meerestiere vom Grund des Meeres an Bord gezogen.

Beobachtungen mit der Fantasie unserer Vorfahren

Unsere Vorfahren, die ihr zu Hause an den Küsten der Meere hatten und Fischerei und Seefahrt betrieben, waren davon überzeugt, dass in den Tiefen der Meere seltsame, ungeheuerliche große Meerestiere lebten. Diese Fischer und Seefahrer erzählten von Begegnungen mit diesen seltenen, eigenartigen, geheimnisvollen Lebewesen. Sie bezeichneten sie ganz unterschiedlich

- anfangs als Polypen, Pulpe und dann als Kraken. In den Beschreibungen ähnelten sie in ihrem Aussehen nicht den normalen, bis dahin bekannten Fischarten, Medusen oder den eigenartigen Krebsen oder anderen Meeresbewohnern. Sie waren bedeutend größer und ihrer Ansicht nach auch gefährlich. Die Geschichten über diese geheimnisvollen Lebewesen gingen über die Länder hinaus von Mund zu Mund. So ist es erklärlich, dass diese Meerestiere immer sonderbarer, viel, viel größer und ungeheuerlicher wurden, weil sie von den Menschen, den Seeleuten unter ganz extremen, oft schleierhaften, kaum glaubhaften und realistischen Umständen im Meer wahrgenommen wurden.

Ein englischer Naturforscher glaubte, dass der Name Krake von dem norwegischen „krakje“ abgeleitet wurde. Es bedeutet soviel wie – niederwüchsiger Baum -. Dortige Fischer erzählten, dass auf dem

Körper dieses gesichteten Meerestieres zahlreiche Warzen und Erhöhungen mit scharfen und langen Stacheln zu sehen waren. Sie sprachen von einem umgestürzten Baum, der mit den Wurzeln nach oben im Meer schwamm.*
Für viele Menschen in früheren Zeiten waren damit diese Meerestiere Kraken. Heute unterscheiden wir ganz einfach ausgedrückt Kraken, Kalmare und Sepien. Riesige Exemplare nennen wir Riesenkraken und Riesenkalmare.

In all den Büchern, die ich gelesen habe, beschrieb Aristoteles als erster Riesenkalmare. Er nannte sie Teuthis.*
Eine weitere interessante frühzeitliche Beschreibung über einen Kraken lieferte der Naturforscher Plinius der Ältere, in seiner „Naturgeschichte". Ein auf die Beschreibung eines Kraken passendes Ungeheuer, stahl in einem Ort an der Küste, in der Nähe von Gibraltar, in Kübeln gesalzene Fische. Hunde fielen über das seltsame Wesen her und man tötete es schließlich. Es hatte zehn Meter lange Fangarme mit seltsamen Auswüchsen, offenbar Saugnäpfe, so groß wie kleine Teller und wog so um die siebenhundert Pfund. *
Eigentlich sollten ja diese Meerestiere in der Tiefsee leben, doch bei dieser Geschichte ging dieses Tier an Land auf Futtersuche. Es klingt etwas sonderlich und ist wohl auch einmalig.
Immer wieder berichteten Seefahrer, Bischöfe, Pfar-

rer und vor allem die damaligen Wissenschaftler von seltenen Seeungeheuern, die wie riesige Seeschlangen aussahen. Untersuchte man diese Beschreibungen aber genauer, dann konnte es sich nur um Riesenkalmare oder Riesenkraken handeln. Dazu finden wir auch in den überlieferten Unterlagen und Büchern die abartigsten Skizzen und Grafiken. Überlegt man, wie es zu manchen Beschreibungen kam, dann muss man bedenken, dass sicherlich immer nur Teile von diesen seltenen Meerestieren oder auch Meeresungeheuern gesehen wurden. Unsere Vorfahren dichteten bei ihren Beschreibungen, beim Erzählen diesen Meerestieren viele sonderbare, eigenartige Formen, Erscheinungen und Handlungen an und die Fantasien der Menschen taten ein Übriges. Meistens spielte auch noch eine gehörige Portion Furcht mit und bauschte die Erzählungen auf. So können auch die Beschreibungen norwegischer Fischer eingeordnet werden, die in den Fjorden immer wieder angetriebene tote Tierkörper mit eigenartigen Formen fanden.
Ein englischer Kapitän berichtete von Riesenschlangen, weil er den, bei aller Größe schlanken Körper mit den Armen und den langen Tentakeln, nicht richtig einordnen konnte. Es muss aber ein Riesenkalmar gewesen sein. Auch die Beschreibungen der Fortbewegung dieses Seeungeheuers deuteten auf einen Riesenkalmar hin. *
Viele damalige Beschreiber erzählten, dass der Riesenkrake oder der Riesenkalmar ein überaus friedliches Tier sei. Andere dagegen führen aus, sie seien

äußerst gefährlich und hätten in vielen Fällen kleine Segler mit ihren kräftigen Fangarmen umschlungen und in die Tiefe gezogen. Solche Aussagen fand man auch in einigen alten gemalten Bildern wieder.
In dem Buch von Akimuschkin, „Es gibt doch Fabeltiere“ können wir nachlesen, dass der bekannte Chronist Olaus Magnus, ein Erzbischof von Upsala, von einem ungeheueren Fisch berichtete, der an der norwegischen Küste erschienen war. Er hätte eine Länge von beinahe einer Meile gehabt und eher wie eine Insel ausgesehen. Er meinte dieses Tier hätte Schiffe mit ihren Besatzungen angegriffen und versenkt. Der Anblick dieses Tieres hätte die Matrosen entsetzt und handlungsunfähig gemacht. Es hatte neben dem nicht kleinen Körper einen überaus großen quadratischen Kopf, mit vielen Warzen und spitzen Erhöhungen und großen, riesigen Augen. Die langen Arme waren mit eigenartigen runden Erhöhungen ausgestattet. So konnte nur ein Krake aussehen. *
Diese wenigen Beschreibungen bestätigen uns, dass so ein beschriebenes Meerestier niemals vollständig gesehen wurde. Norwegische Fischer hatten noch andere Beschreibungen zur Hand. Sie sprachen von riesigen Armen, die die Länge eines Mastes hatten. Andere sahen längere Fangarme, die als Tastinstrumente dienten. Auch von starken Gerüchen war die Rede und Auswürfen, die das Meer färbten. Ob diese Färbung von den Meerestieren stammte, blieb offen. In dem Buch von Akimuschkin ist auch von schwim-

menden Inseln die Rede. Auf ihren Fahrten stellen Seefahrer fest, dass sie plötzlich in bekannten Regionen Inseln vorfanden, die aber nach kurzer Zeit wieder verschwanden. Man sah sie bei den Färöer und bei Island, ebenso im Nordmeer. Es ist natürlich, dass damals Seeleute diese Wunder dem Teufel zuschrieben. Pontoppidan dagegen erklärte, dass diese Erscheinungen eher den nun schon bekannten Kraken zugeschrieben werden müssen.

Es ist verständlich, dass besonders die Norweger mit ihrer langen Küste und den unzähligen Fjorden von vielen Funden berichteten. In einem Fjord verklemmte sich ein vermutlich noch junger Krake. Er riss kleine Bäume aus, als er sich befreien wollte. Doch es saß in dem schmalen Fjord fest. Sein Körper verfaulte und verbreitete in der Gegend einen schlimmen Gestank.

An der Küste von Island wurde ein Tierkörper angeschwemmt, sein Rumpf soll ebenso groß wie der eines Menschen gewesen sein. Er hatte wohl sieben Schwänze mit Längen von eineinhalb Metern. Einer der Schwänze soll länger gewesen sein und erreichte fast eine Länge von fünf Metern. Man berichtete, auf den Schwänzen waren unzählige Knospen. Einen Kopf konnten sie bei dem Tier nicht erkennen, nur zwei so genannte Dächer wurden beschrieben, die vermutlichen Augen des Tieres. Das Meerestier hatte keine Knochen, es war nur eine weiche Masse. Die Beschreibung passt zu einem Kraken.

Auch an der Küste Irlands wurde ein ähnlicher pferdegroßer Körper angetrieben, dessen Augen groß wie Zinnteller waren und der einen kräftigen Schnabel zwischen den so genannten Schwänzen hatte. *

Auf allen Weltmeeren gab es durch Kapitäne und Besatzungen unzählige Beobachtungen und viele Aussagen zu den seltsamen, damals ungeheuerlichen Meerestieren, den Riesenkraken und Riesenkalmaren, wie die Fischer meinten.
Im Jahre 1861 kam es zu einer beachtenswürdigen Beobachtung in der Nähe der Kanarischen Inseln, über die der französische Kapitän des Dampfers „Alecton" berichtete. Sie sichteten an einem Nachmittag ein seltsames Tier, welches dicht unter der Meeresoberfläche schwamm. Sie zählten 10 lange Arme, die wie ein Knäuel aus dem Wasser ragten. Anfangs nahmen sie an, dies wären Schlangen, die im Wasser spielten. Dann merkten sie, dass zu den Armen ein schlanker, großer Körper gehörte, der hin und wieder an der Wasseroberfläche erschien. Der Kapitän ließ das Schiff gefechtsklar machen und richtete die Kanonen auf das dahin gleitende Meerestier. Sie verfehlten ihr Ziel. Sie fuhren näher heran und warfen Harpunen auf das Tier. Die im Körper gebohrten Harpunen stoppten die Bewegung und dann stürzte sich der Riesenkrake auf das Schiff. Seinen Schnabel soll es weit aufgerissen haben. Doch es kam nicht zu einem weiteren Kampf, der Krake drehte ab und schwamm davon. *
Diese Darstellung habe ich aber auch in anderer

Grafik: Hans Richter - Dipl.Gebrauchsgrafiker

Form gelesen.
Ich erinnere mich, dass wir selbst bei unserer Fischerei vor Neufundland in einigen Hols, bei dem das Netz sehr scharf am Meeresboden geschleppt wurde und der Boden steinig war, kleine Kraken oder Kalmare im Netz hatten. Auch hier waren diese seltenen Meerestiere zu Hause.
Dortige Fischer erzählten im Jahr 1873, dass sie auf dem Meer einen Gegenstand schwimmen sahen, den sie nicht zuordnen konnten. Sie ruderten näher heran und nun sahen sie, wie plötzlich lange, starke Fangarme, wie riesige Schlangen aus dem Wasser

hervorstießen. Vor Schreck stellten sie das Rudern ein. Das Tier, welches sie sofort als einen großen Kraken erkannten, schwamm auf sie zu. Die gewaltigen Arme umschlangen das Boot mit den beiden Fischern. Das Boot neigte sich auf die Seite und nahm Wasser über. Einer der Fischer griff zur Axt und schlug mutig mehrere Arme ab. Der Krake glitt ins Wasser zurück und verschwand in der Tiefe.
Andere Fischer aus der gleichen Region zogen ein Netz an den Strand und waren verwundert, weil es übermäßig schwer war. Dann, als sie im seichten, flacheren Wasser waren, schlug das ganze Netz hin und her, bäumte sich auf. Nun merkten sie, dass sie einen Kraken im Netz hatten. Die langen Arme hangelten durch Löcher im Netz nach den Fischern. Zwei riesengroße Augen funkelten sie an und sie wollten schon das Netz wieder in Wasser zurück gleiten lassen. Einer der Fischer fasste sich ein Herz und stieß ein Messer zwischen die Augen des Kraken, als dieser durch seinen Kampf ermüdete.
Dieser Krake wurde von einem Wissenschaftler untersucht und hatte eine Länge von guten 10 Metern. Er schickte diesen Kraken in das Museum für Naturgeschichte nach London. *

Ein Wissenschaftler verglich einen Kalmar mit einer Rakete.
Er meinte, der Körper hat die Form einer Zigarre. Sein Körper läuft nach hinten spitz aus. Die Kalmare schwimmen ja bekanntlich mit dem Körperende

nach vorne. Die Fangarme wirken hinten wie Stabilisatoren dieser Rakete. Aus unserer Fischerei wissen wir noch, dass die Kalmare sich nach dem Rückstoßprinzip vorwärts bewegen und blitzschnell durchs Wasser schießen. Bei Thor Heyerdahl habe ich gelesen, dass seine „Kon-Tiki“ mehrmals von fliegenden Kalmaren bombardiert wurde. Die Wirkung des Rückstoßes oder Düsenantriebes ist gewaltig und sie sind dadurch sehr schnell.
Auch Walfänger berichteten die wundersamsten Dinge über Pottwale und Riesenkraken oder Riesenkalmare. In den Mägen fanden sie oftmals Teile dieser Meerestiere. Ein Fangarm, den sie fanden und den ein Pottwal ausgespieen hatte, soll beinahe die Dicke eines menschlichen Körpers gehabt haben. Dieser Fangarm war besetzt mit unzähligen Saugnäpfen, die eine Größe wie Untertassen hatten. An den Rändern der Saugnäpfe waren spitze Nadeln. Sie hatten beinahe die Größe und Form wie Tigerkrallen. *
Die Walfänger zeigten den Forschern Abdrücke dieser Saugnäpfe, die man immer wieder mal auf den Körpern der Wale fand. Sie zeugten offenbar von schweren Kämpfen mit diesen Meerestieren.
Manche Wissenschaftler haben nach der Größe der Narben, die durch die Saugnäpfe entstanden, versucht die Größe der Riesenkraken einzustufen. Sie übersahen anfangs, dass die Narben, waren sie bei jungen Pottwalen entstanden, mit den Walen wuchsen. Es ist auch immer wieder festgestellt worden,

dass Teile von größeren Kraken und Kalmaren sich nicht in den Mägen der Wale befanden. Vermutlich ging der Kampf mit diesen großen Riesenkraken oder Riesenkalmaren oftmals nicht zu Gunsten der Wale aus und sie griffen deshalb lieber kleinere Tiere an und fraßen sie. Was sich dort in den Tiefen des

Meeres abspielte kannte bisher niemand. Wir können nur über Vermutungen sprechen. Daraus ergibt sich die Frage, wer greift wen an? Sie ist ebenfalls nie eindeutig beantwortet worden.
Akimuschkin schreibt in seinem Buch, dass der Pottwal wohl der größte Feind der Riesenkraken und der Riesenkalmare ist. Doch wie wurde dieser Feind wahrgenommen? Aus unserer Fischerei auf Kalmare wissen wir, dass man zum Angeln der Kalmare viel Licht benötigte und erst wenn eine Lichtquelle vorhanden war, auch die Kalmare angelockt wurden.
Von den Pottwalen wissen wir, dass sie zu gewaltigen Meeresbewohnern heranwachsen und eine Länge von zwanzig Metern erreichen können. In ihrem Maul haben sie keine Barten, sondern in dem beinahe vier Meter großen Maul finden wir um die fünfzig kräftige Zähne. Sie erreichen ebenfalls eine Länge von gut zwanzig Zentimetern. Sie haben ein Gewicht bis zu einem Kilogramm, es gibt aber auch Zähne die bis zu drei Kilogramm wiegen. Pottwale besitzen einen fast gepanzerten Kopf. Kämpfen die Männchen miteinander, dann rammen sie mit den Köpfen zusammen. Der Pottwal schützt mit der Panzerung des Kopfes sein Gehirn, die so genannte Kommandozentrale. Er benötigt sie natürlich auch für seine Jagdausflüge in die Tiefe des Meeres. Pottwale tauchen bis fünfhundert Meter in die Tiefe und manchmal auch bis zu tausend Metern. Aus diesen Tiefen holen sie sich die Tiefseefische, Oktopoden und Dekapoden. Gegen-

über den anderen Walen jagen sie in der Tiefsee, die anderen Wale verbleiben in geringeren Tiefen. Pottwale passen sich hervorragend den Bedingungen der Tiefsee an. *

Ich möchte noch einmal die Frage aufwerfen, wer greift in der Tiefsee wen an? Viele Wissenschaftler vertreten die Ansicht, dass es wohl die Riesenkalmare sind. Die weiß schimmernden Zähne der Pottwale sollen für Riesenkalmare wie eine Lichtquelle funktionieren und sie zum Angriff verleiten.
Diese Angriffe von großen Riesenkalmaren sind dann so vehement, dass in vielen Fällen der Pottwal die Flucht antritt und zurück zur Meeresoberfläche schwimmt. Es bleibt aber nur eine Vermutung.

Der englische Walfänger und Schriftsteller Frank Bullen berichtete über ein sich 1820 zugetragenes Ereignis mit einem Riesenkalmar und einem Pottwal.
Erst nahm er an, es handelte sich um einen Vulkanausbruch. Sie befanden sich in der Nähe von Sumatra, in einem solchem Gebiet. Die See wurde aufgewühlt und kräftige Wasserfontänen spritzten in die Höhe. Dann sah er, dass es ein Kampf auf Leben und Tod zwischen einem Pottwal und einem Riesenkalmar war. Es war ein gewaltiger Kalmar, der seine Fangarme um den Körper des Wales geschlungen hatte. Die riesigen Fangarme hatten den Kopf des Wales wie mit einem Netz überzogen. Das Schwanzteil des Kalmars war teilweise in den Kie-

fern des Pottwales eingeklemmt und der Schnabel des Kalmars war dabei den Kiefer des Pottwals zu durchsägen. Es war bestimmt einmalig im Leben einen solchen Todeskampf mit anzusehen. Die riesigen Augen des Kalmar waren weit aufgerissen und verliehen dem ganzen, blassen Körper das Aussehen eines Gespenstes. Der Pottwal versuchte sich zu befreien und sprang immer wieder aus dem Wasser und prallte mit voller Wucht auf die Wasseroberfläche. Doch der Kalmar gab nicht auf, die Krallen der Saugnäpfe hatten sich tief in die Haut des Wales eingegraben. Haie umkreisten die Kämpfenden und warteten gierig auf eine Mahlzeit. Sie halfen dem Wal bei seinem Kampf mit dem Kalmar. Alles spielte sich in vollkommener Lautlosigkeit ab, bis auf den Aufprall der beiden Kämpfenden aufs Wasser. Letztendlich verlor der Kalmar sein Leben, in der Tiefsee wäre der Kampf vermutlich anders geendet. *
Funde in den letzten Jahren haben für etwas Licht um diese Meeresbewohner gesorgt. Ich denke, es sind die ersten Schritte um mehr Wissen zu erlangen und Fantasien, Fantastereien abzubauen.

* Frei erzählt nach Darstellungen aus dem Buch: „Es gibt doch Fabeltiere" von Igor Akimuschkin
-VEB F. A. Brockhaus Verlag / Leipzig 1963
Mit freundlicher Genehmigung von M.Sch./Lizenzen, Bibliografisches -Institut GmbH, Manheim

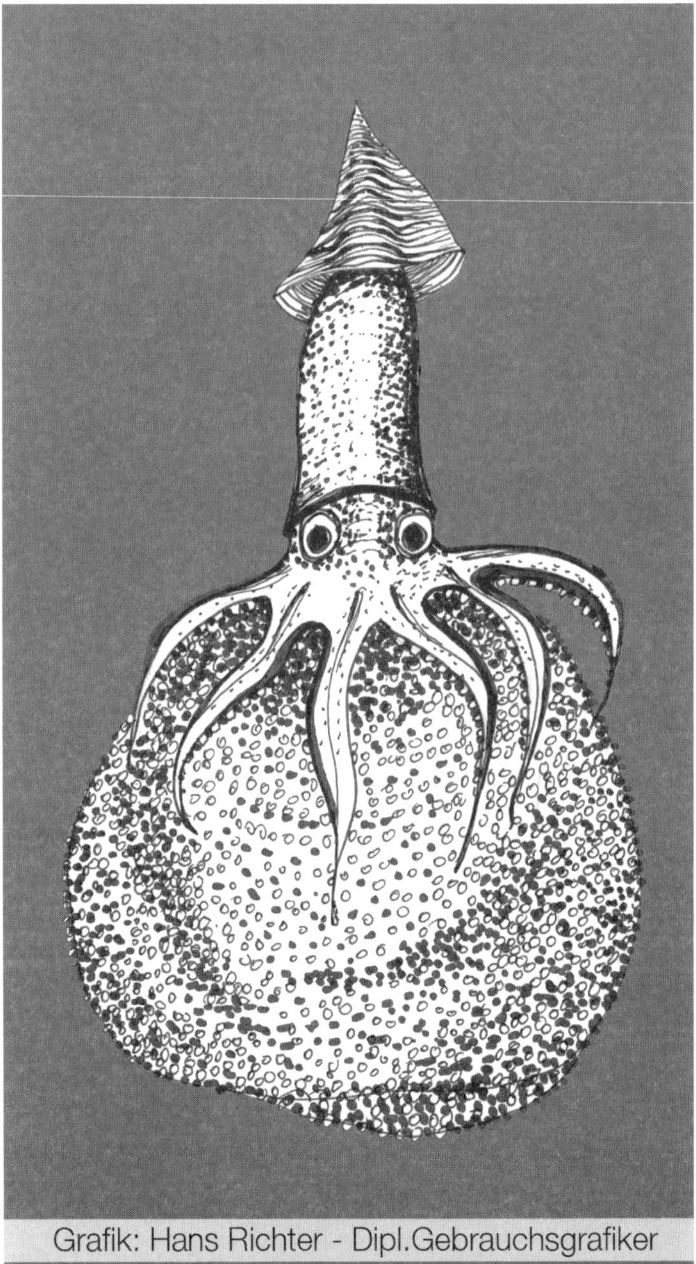

Grafik: Hans Richter - Dipl.Gebrauchsgrafiker

Lebensraum der Riesenkraken und Riesenkalmare

Durchsucht man das Internet nach Berichten und Aussagen über den Lebensraum der Riesenkalmare, dann ist die Antwort, sie leben in der Tiefsee. Riesenkraken sollen im weniger tiefen Wasser leben. Es wird wohl so sein, dass der größte Feind der Riesenkalmare der Pottwal ist. Diese Meerestiere tauchen bis 500 Meter und sind darüber hinaus sogar bis 1000 Meter abgetaucht, um nach Nahrung zu jagen. Kalmare, egal wie groß sie sind, gehören zur Nahrung der Pottwale. Die Aussage nach dem Lebensraum könnte dann wohl stimmen. Doch exakt, in welchen Tiefen diese Meerestiere leben, hat noch niemand herausbekommen, obwohl man einen Riesenkalmar schon einmal in 900 m Tiefe filmte.

Wir Hochseefischer, haben in den ersten Jahren in Tiefen bis 200 und auch 300 Metern gefischt, später dann gingen wir bedeutend tiefer. Unsere Zubringertrawler versuchten es auch schon in einer Tiefe von 1200 Metern.

In den Zonen in denen wir fischten, bestimmten die Lichtintensität, die Temperaturen und der Salzgehalt die Verbreitung der Organismen. Meereswissenschaftler benennen diese Zone bis 200 Meter als Epipelagische Zone. Dieses Flachseegebiet wird von uns Fischern als Kontinentalschelf bezeichnet und eingeordnet. Die Rostocker Hochseefischer haben fast alle Fangplätze der Welt befischt und wir wissen,

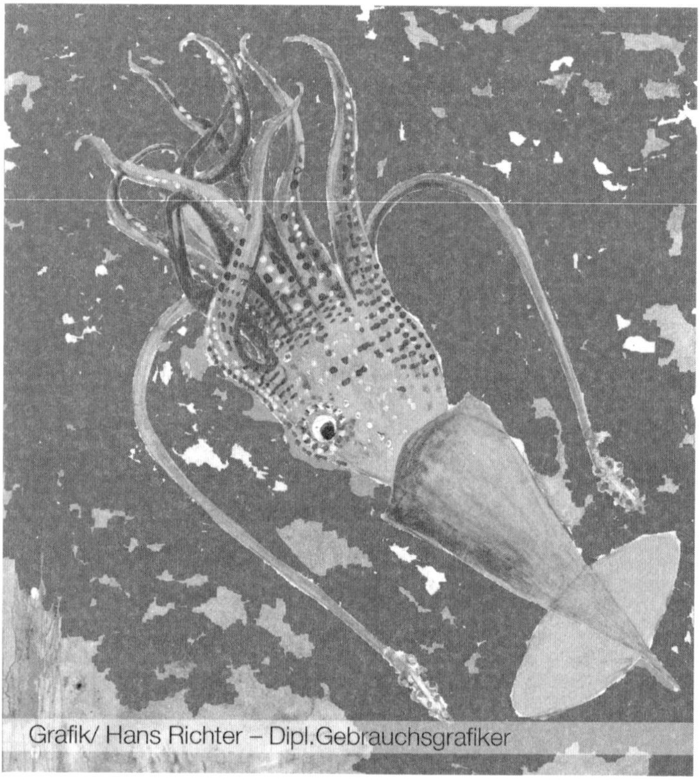

Grafik/ Hans Richter – Dipl.Gebrauchsgrafiker

in dieser Zone findet eine starke Durchmischung des Wassers, als Voraussetzung der Nahrungsbildung statt. An der Seefahrtsschule wurde uns gelehrt, dass der Tiefenbereich von 200 bis 1000 Meter, als Kontinentalabhang bezeichnet wird. Von der eigentlichen Tiefsee sprechen wir erst ab 1000 Metern. Der bezeichnete Kontinentalabhang kann aber auch tiefer als 1000 Meter hinabreichen. (Es soll darauf hingewiesen werden, dass einige Wissenschaftler erst ab 3000 Meter von der Tiefsee sprechen.)
Bis 2000 Meter sprechen wir von der Mesopelagial-

zone. Verständlich ist, dass sich in den unterschiedlichen Zonen die Lebewesen der Lichtintensität, den Temperaturen und dem Salzgehalt angepasst haben. Wir wissen aber auch, dass in diesen Tiefen kein Sonnenlicht mehr vorhanden ist. Einige Fische, eine Reihe von kleinen Meerestieren und Bakterien erzeugen künstliches Licht durch Biolumineszenz. Es sind chemische Prozesse, bei denen freiwerdende Energie als Licht abgegeben wird. Erstaunlich ist, dass es auch hier, in dieser Tiefe eine Vielzahl von Lebewesen gibt, die man kaum vermutet hatte.
Die Bathypelagische Zone reicht bis 6000 m.
Als tiefste Zone bis 11 000 m kennen wir das Abyssonpelagial. Die Artenbildung in diesen Zonen wird von der Wassertemperatur beeinflusst. Es ist verständlich, dass die Nahrungsbedingungen mit der größeren Tiefe immer schlechter werden. Zwangsläufig nehmen in größeren Tiefen die fleischfressenden Tierarten zu. Mit der Veränderung der Lichtintensität in den Tiefen der Ozeane verändert sich auch das Aussehen der Meerestiere. Blau, Transparent sowie Rot und Schwarz überwiegen.
Gesagt werden soll noch einmal, dass die Zonen von den Meereswissenschaftlern unterschiedlich abgegrenzt werden.
Vielleicht gelingt es in unserer heutigen Zeit, mittels hochwertiger Technik, in diesen Tiefen weiter vorzudringen und die Lebensweise der Riesenkalmare und Riesenkraken endlich zu erkunden.

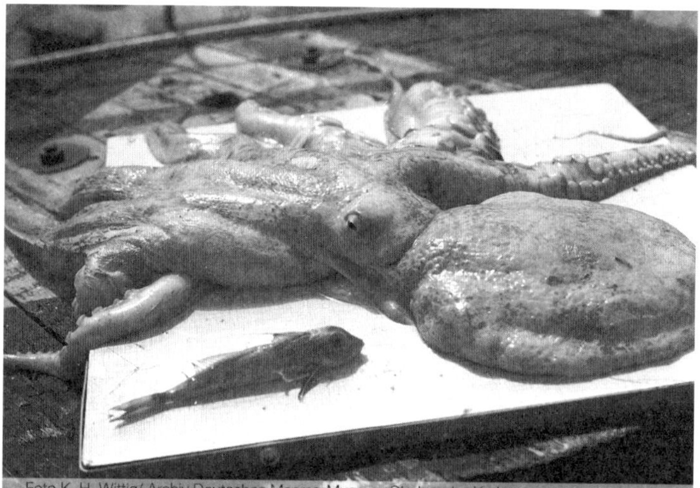

Foto K. H. Wittig/ Archiv Deutsches Meeres Museum Stralsund -Krake-

Riesenkraken - Riesenkalmare

Wie unterscheiden sich nun diese beiden geheimnisvollen Meerestiere?

Auf Bildern sehen wir lange, starke Arme, die nach einer Beute greifen oder es sieht aus, als stolziere der Krake auf diesen Armen am Meeresgrund. Die vier Armpaare, also die acht Fangarme, sind das Hauptmerkmal des Kraken (Octopoda). Die hellen, runden Erhebungen auf den Armen der Kraken sind Saugnäpfe. Die Saugnäpfe wiederum sind mit kleinen starken, scharfen Krallen ausgerüstet. Ein Arm soll um die 250 Saugnäpfe besitzen. Die Länge der Arme wird unterschiedlich angegeben. Es wurden

aber bereits Arme mit einer Länge von 4 Metern gemessen. Wer schon einmal das Glück hatte einen Kraken anzuschauen oder sogar zu berühren, stellt nur eine weiche Masse fest, die weder Knochen noch Knorpel besitzt. Eigenartig, aber der Krake hat die ursprüngliche Schale der Kopffüßer vollständig reduziert. Der sackartige Körper ist sehr flexibel und kann sich durch schmale Öffnungen und Spalten zwängen.

Sonderbar ist, der Krake hat ein mehrteiliges Herz. Er besitzt ein Hauptherz und zwei Kiemenherzen.

Kraken atmen über Kiemen, ein längerer Landausflug ist nicht möglich, obwohl einige schon mal für kurze Zeit an Land umherspazieren, wie berichtet wurde.

Uns ist auch bekannt, dass die Bewegungen der Kraken sehr schnell sein können. Die Vorwärtsbewegung, die eigentlich eine Rückwärtsbewegung ist, erfolgt durch das Ausstoßen von Wasser aus der Mantelhöhle des Körpers. Die Arme werden bei der Bewegung nur als Steuerungsorgane genutzt. Sie ziehen sie hinter sich her.

Hervorzuheben ist bei den Kraken ihr Nervensystem. Es soll hoch entwickelt sein und bei den Meerestieren, wie man nachlesen kann, eine Spitzenposition einnehmen. Die Nervenstränge sind sehr stark ausgebildet und fast im ganzen Körper verteilt.

So ist es auch erklärlich, dass ein abgetrennter Arm noch eine relativ lange Zeit Eigenbewegungen ausführt. Überaus starke Nervenstränge ermöglichen diesen Meerestieren schnelle Reaktionen auf

Grafik: Hans Richter - Dipl.Gebrauchsgrafiker

Gefahren und Reize.

Gesprochen wird immer wieder über die großen Augen dieser Meerestiere. Die Linsenaugen sind mit starken Sinneszellen ausgerüstet, die auch ein Sehen in größeren Tiefen ermöglichen.

Im Zentrum der Fangarme finden wir die Mundöffnung, mit dem starken, hornigen Schnabel des Kraken. Die Zunge ist mit sehr scharfen, spitzen Erhebungen ausgerüstet, mit ihr möchte man nicht in Berührung kommen. Die Beute wird mit dem Schnabel zersägt oder mit der Zunge zerraspelt und verschlungen. Kraken setzen sich zur Wehr durch Bisse und durch Umschlingen der Angreifer. Ihr Verdauungssaft ist hochgiftig und lähmt die Beute.

Bei Gefahr stoßen sie durch eine Düse eine dunkle Flüssigkeit aus, in der sie sich dann zurückziehen

und danach fliehen. Wird dann noch Schleim abgegeben, kann die Wolke sogar eine Form erhalten.
So richtig erforscht ist die Fortpflanzung dieser Meerestiere noch nicht. Eigentlich sollen Männchen und Weibchen sich nur zur Paarungszeit annähern, man weiß es nicht so richtig, vermute ich.
Während dieser Zeitperiode verändern die Männchen oftmals ihr Aussehen und nehmen eine Tarnkleidung an. Es ist die Farbe der Weibchen. Sie ermöglicht die Annäherung und die Fortpflanzungschancen erhöhen sich dadurch verständlicher Weise. Es findet eine innere Befruchtung statt. Ein speziell umgewandelter Arm, ohne Saugnäpfe, wird in die Mantelhöhle des Weibchens eingeführt und lagert die Spermien ab. Durch ein Aufplatzen dieser Spermienkapseln erfolgt die Befruchtung.
Die Lebensdauer beträgt nur ein bis zwei Jahre. Sie sind also schnellwüchsig. Ihr Leben endet meistens mit der Begattung.
Krakenweibchen leben länger. Die maximale Lebensdauer kann vier Jahre betragen. Die Aussagen sind aber widersprüchlich.
Sie leben in 500, 750 oder auch 1000 Meter Tiefe am Boden, aber vermutlich auch im flacheren Wasser. Jedenfalls sind sie in flacheren Gegenden in der Tiefsee anzutreffen, als die Riesenkalmare.
Ihre größten Feinde sind die Pottwale.

War die Beschreibung der Kraken noch einfach für mich, so wird es bei den Kalmaren bedeutend kom-

Foto: Falk Ubel – Krake/Saugnäpfe-Fanggebiet Mauretanien, ROS 415

plizierter. Das liegt an der Vielfalt der Familien, Gattungen und Arten und natürlich an den unzähligen Aussagen und Untersuchungen über diese Meerestiere. Einige Tiere sind nur wenige Zentimeter groß, andere, wie der uns aus der Hochseefischerei bekannte Loligo mit Größen um die 20 Zentimeter und dann der Riesenkalmar Architeuthis mit guten 18 Metern. Man findet sie fast in allen Weltmeeren. Am wenigsten weiß man über die Riesenkalmare, denn bei Untersuchungen, waren sie meistens tot oder starben unmittelbar nach dem Fang oder man hatte nur einzelne Teile von diesen Tieren. Außerdem sagen viele Beobachter, dass die Riesenkalmare viel zu klug sind, um sich fangen zulassen. Durch ihre Schnelligkeit und ihre wendigen Bewegungen überlisten sie immer wieder die Fischer oder Forscher.

Foto: Falk Ubel -Kalmare- Fanggebiet Mauretanien, ROS 415

Diejenigen, die ins Netz gehen, sind meistens krank und langsam oder auch dumm.
Doch nun zum Vergleich zu den Kraken. Hatten die Kraken acht Fangarme, besitzen die Kalmare zehn Arme. Zwei Fangarme, sind als Tentakel ausgebildet, nicht so dick und mit ihnen wird die Beute eingefangen. Sie haben an den Enden sogenannte Keulen. Diese Tentakel ziehen die Beute in den Bereich der Fangarme, dort befindet sich dann auch die Mundöffnung und der hornartige Schnabel. Die acht Fangarme des Riesenkalmars sind bedeutend dicker als die beiden langen Tentakel. Sie sind mit Saugnäpfen, wie bei den Kraken besetzt, die zu den Enden immer kleiner werden. Die Arme sind dreieckig ausgebildet und auf der glatten, inneren Fläche sitzen die Saugnäpfe. Gegenüber den Kraken können bei die-

sen Tieren die Saugnäpfe unabhängig voneinander bewegt werden. Diese Saugnäpfe mit ihren Krallen oder auch Zähnen haben, wenn sie erst einmal auf der Haut festsitzen, eine unheimlich starke Haftung.
Auch beim Kalmar sprechen wir von einem Kopf. Er hat einen kleineren Durchmesser als der Körper und ist von ihm durch einen Hals getrennt. Ich glaube beinahe, dass die Größe des Kopfes von der Größe der Augen abhängig ist. Dies haben wir schon bei den kleinen Kalmaren festgestellt und bei den Bildern der großen Exemplare dominieren immer die Augen. Der Kopf wird stabilisiert durch eine knorpelige, innere Kopfkapsel. In ihr befinden sich die Augen, das Hirn und ein Gleichgewichtsorgan, welches Nervenreizungen auslösen kann und zur Orientierung dient. Durch dieses Organ führt die Speiseröhre. Es ist eine Engstelle und die Nahrung muss vorher zerkleinert werden. Die sehr stark ausgeprägten Nervenfasern der Kraken finden wir auch bei den Kalmaren wieder. Schnelle Reaktionen auf Gefahren und anderen Reizen zeichnen auch diese Tiere aus. Bei den Kalmaren schließt sich am hinteren Ende des Kopfes der Körper, auch als Mantel bezeichnet, an. Die Fangarme und Tentakel, mit der Mundöffnung sind am anderen Ende des Kopfes angeordnet.
Kalmare sollen überaus gefräßig sein. Sie ernähren sich von Plankton bis hin zu Krebsen, Fischen und fressen auch andere, kleinere Kalmare. Was der Riesenkalmar sonst noch frisst oder was er bevorzugt, kann ich nicht beantworten. Er zerkleinert ja sei-

ne Nahrung und deshalb konnten Wissenschaftler nichts zu dieser Frage sagen.

Auch Kalmare bewegen sich mittels Düsenantrieb vorwärts. Er kann diesen Trichter drehen und somit auch schnell in eine andere Richtung schwimmen. Oftmals werden dann die Fangarme so zusammengedreht, dass der Widerstand äußerst gering ist. Viele Kalmararten haben am Schwanzende ihres Körpers einen Flossensaum. Auch hiermit können sie sich fortbewegen, den Körper stabilisieren und steuern. Der Architeuthis kann im Wasser schweben, da in seinen Muskeln eine Ammoniumchloridlösung enthalten ist, die ja bekanntlich leichter als Wasser ist. Schwimmbewegungen, wie bei anderen Kalmaren mit dem Flossensaum, sind deshalb nicht unbedingt notwendig. Im warmen Wasser kann diese Konstellation für Kalmare gefährlich werden, weil der im

Grafik: Hans Richter - Dipl.Gebrauchsgrafiker

Körper zirkulierende Sauerstoff langsamer wird und die Muskeln erschlaffen lässt und sie damit hilflos werden.
Aufgefallen ist, dass Kalmare zu Verteidigungszwecken oder auch bei anderen Gelegenheiten der Fangtätigkeit oder in der Paarungszeit die Farbe wechseln können. Diese Eigenschaften sind besonders bei den kleineren Tieren vorhanden. Bei unserem Riesenkalmar ist der Farbenwechsel nicht so ausgeprägt. Angewandt wird er hauptsächlich in der Paarungszeit, wenn die Männchen ihre Samenkapsel unter dem Mantel des Weibchens verstecken.
Viele Kalmararten besitzen die Fähigkeit, Leuchteffekte zu erzeugen. Sie dienen einmal zum Schutz, aber auch um Beute zu erlegen. Doch bei Architeuthis soll dieser Effekt nicht vorhanden sein.
Stellen sie sich vor, ein Riesenkalmar schwebt lautlos in einer bestimmten Wassertiefe, lässt seine Fangarme und beide Tentakel im Wasser gespenstig spielen. Mit seinen gut ausgebildeten großen Augen nimmt er jede Bewegung in seiner Umgebung wahr. Dann schnellen seine langen Tentakel nach vorne, umschlingen das Opfer, führen es in die Fangarme und zur Mundöffnung. Schnell wird die Beute zermahlen und gefressen. Wehe wenn Taucher in eine solche Lage geraten.
Aber wir wissen auch, dass die Riesenkalmare eine gewisse relativ hohe Intelligenz besitzen und Entscheidungen treffen können. Wie würden sie sich entscheiden, wenn sie mehrere Taucher orten? Ist

Grafik: Hans Richter - Dipl.Gebrauchsgrafiker

das eine Gefahr für mich oder ist es eine Beute, muss ich die Farbe wechseln, ist es besser dunkel auszusehen oder hell, so könnte Architeuthis vielleicht überlegen. Problematisch würde es auslaufen, wenn in der Paarungszeit die Männchen nicht so exakt die Weibchen ausmachen könnten.

Riesenkalmare werden ebenfalls maximal drei bis fünf Jahre alt.

Nun stellen sie sich vor, dass ein Riesenkalmar gemessen vom Kopf bis zum Ende der langen Tentakel über 18 Meter lang werden kann und er diese Größe in den wenigen Jahren erreicht.

Denken wir zurück an unsere Kalmarfischerei und an die Größe der Tuben, die den Mantel der Tiere ausmachten und dann an Mantellängen von bis zu 4 Metern, dann können wir uns diese Dimensionen

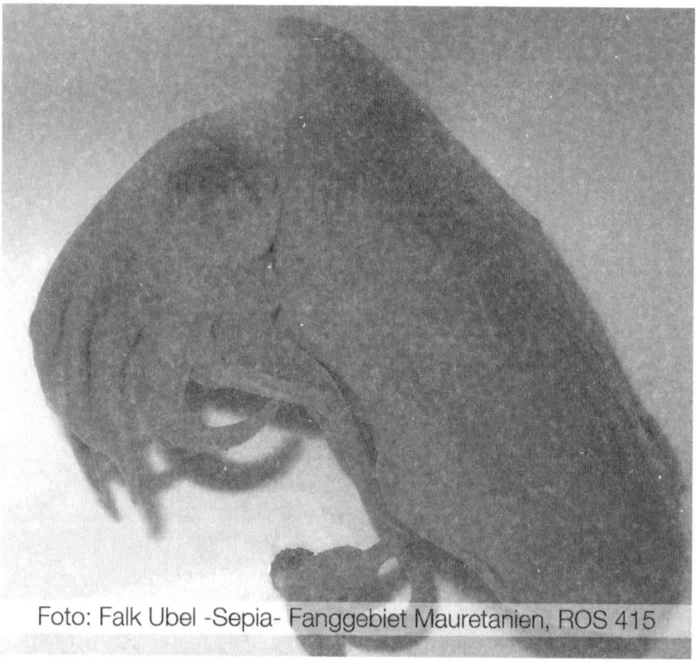

Foto: Falk Ubel -Sepia- Fanggebiet Mauretanien, ROS 415

kaum ausmalen.

Auch bei den Riesenkalmaren können wir feststellen, dass ihr größter Feind der Pottwal ist. Umgekehrt behaupten zu wollen, dass sie die Pottwale angreifen, ist fraglich. Bei kleineren Walen wird dies noch für möglich gehalten.

Foto: Falk Ubel -kleiner Krake- Fanggebiet Mauretanien, ROS 415

Riesenkraken und Riesenkalmare bewahren ihre Geheimnisse auch in der heutigen Zeit.

Fischer und Forscher zweifeln überhaupt nicht daran, dass Riesenkraken und Riesenkalmare wahrlich über eine hohe Intelligenz verfügen. Ihr Verhalten in den Tiefen der Meere spricht für diese Beurteilung und Aussage. Untersuchen wir die Vielzahl der Expeditionen, dann stellen wir immer wieder fest, man hat diese Meeresbewohner kaum gesichtet. Es wird schon so sein, dass sie sich vor Gefahren schützen und wohl auch vor dem Menschen; ja, es ist kaum

möglich, in ihre geheimnisvolle Welt vorzudringen.
Auch heute noch trifft die Aussage zu, dass der Architeuthis noch nie in seinem Lebensraum beobachtet werden konnte.
Die Feststellung von ungefähr 200 an Land gespülten oder ins Netz gegangenen Riesenkraken und Riesenkalmare entspricht bestimmt der Wahrheit und hat eine Vielzahl von Erkenntnissen erbracht. Auch in der heutigen Zeit wurden unsere geheimnisvollen Meerestiere vor allem in den Gebieten von Neufundland, Norwegen und Neuseeland, aber auch in anderen Seegebieten gefunden.
Immer noch wird davon gesprochen und berichtet, dass Architeuthis eine Größe von 18 Meter, ja sogar 25 bis 50 Meter Länge erreichen kann. Wahrlich gigantische Meerestiere, die beinahe unser Vorstellungsvermögen überfordern. Stellen Sie sich vor, aus welchen Gründen auch immer, dass so ein Meerestier oder auch mehrere einen Fischereikutter attackieren. Ich möchte beinahe behaupten, eigentlich passierte es schon in unserer Zeit und reicht nicht in vergangene Jahre zurück, wo die Fantasien der Menschen wegen des fehlenden Wissens bedeutender waren.
Spezielle Forschungsreisen und Expeditionen unter Wasser brachten wohl wertvolle Ergebnisse über das Leben in der Tiefsee, doch unsere speziellen Meerestiere hüteten ihr Geheimnis und lüfteten bisher nur Kleinigkeiten ihrer Verhaltens- und Lebensweise. Sie bleiben rätselhaft, doch was wir über sie wissen,

macht sie zu den erstaunlichsten und vielseitigsten Lebewesen unserer heutigen Zeit.
An verschiedenen Verhaltensweisen der kleineren Exemplare dieser Tiere, ob in der Freiheit oder im Labor, haben wir in den letzten Jahren festgestellt, dass sie intelligent und durchaus lernfähig sind. Denken wir nur an Orakel Paul, der bei der Fußballweltmeisterschaft die Siege, einiger wichtiger Spiele, voraussagte. Doch hier wissen wir alle, dass es wohl mehr an den Fressgelüsten vom Kraken Paul lag. Der Besitz von Intelligenz wurde im Fernsehen durch interessante Bilder nachgewiesen. Man zeigte uns, wie kleine Kraken Gläser öffneten oder sich in Bierdosen zurückzogen.

Ich denke, dieses kleine Buch wäre unvollständig, wenn Funde und Beobachtungen aus unserer heutigen Zeit fehlen.

Anfang des Jahres 1996 war das Forschungsschiff „Tangaroa“ ca. 270 Seemeilen östlich von Neuseeland im Einsatz. Als sie das Netz mit großer Mühe an Bord zogen, fanden sie darin einen Riesenkalmar. Acht Meter lang soll das Tier gewesen sein und ein Gewicht von einer Tonne stellte der Wissenschaftler Steve O‘Shea fest. Ein kapitaler Bursche, eines der größten Exemplare und dann noch in einwandfreiem Zustand.
Sehr verwunderlich waren Küstenbewohner und die Marine im südlichen Teil der Küste Chiles als ein

riesiger, gallertartiger Körper am Strand gefunden wurde. Sie rätselten, aber ein Wal konnte es nicht sein. Nach Untersuchungen stellten sie fest, dass dieser verwesende Fleischklumpen von einem wirbellosen Meerestier, sicherlich von einem Riesenkalmar stammen musste.

Seit nunmehr 40 Jahren, so steht es in einer Reihe von Veröffentlichungen jagt Clyde Roper, ein amerikanischer Meeresbiologe, Riesenkalmare. Eine Reihe von Expeditionen, mit und ohne Tauchboot, führte er durch, um diese Meerestiere in ihrer Lebenswelt zu untersuchen. Doch alle Versuche blieben ohne Erfolg.
Sicherlich gewannen die Forscher viele Erkenntnisse über das Leben in der Tiefsee, doch diese Meerestiere hüteten ihre Geheimnisse. So band man Kameras auf die Pottwale, deren Tauchgänge man vorher ausgespäht hatte. Kein Riesenkalmar kam vor die Kamera und ließ sich blicken.

Wir schreiben das Jahr 2005. Erneut wollen japanische Wissenschaftler den Riesenkalmar in der Tiefsee aufspüren. Im Nordpazifik, bei den Ogasawana-Inseln loten sie eine Tiefe von 1200 Metern. Sie legen eine Angel, bestückt mit einem Köder und einer Kamera auf 900 m Tiefe aus. Ihre Geduld und ihr Warten hatte Erfolg. Sie berichteten, dass pfeilschnell ein acht Meter großer Riesenkalmar aus der dunklen Tiefe des Meeres auftauchte und sich auf den

Köder stürzte. Seine Fangarme umschlangen den Köder und als er sich mit einem Arm in den Haken des Köders verhakte, begann ein Kampf auf Leben und Tod. Sehr viele Bilder von diesem Befreiungskampf konnte die Kamera einfangen. Schließlich blieb der Arm an dem Haken hängen und der Riesenkalmar verschwand in der Tiefe. Als sie die Leine an Bord nahmen und den abgetrennten Arm besichtigten, waren immer noch Zuckungen des Fangarmes zu sehen.
Ein Jahr später, auf fast der gleichen Position im Pazifik, hatte das gleiche Forscherteam erneut das Glück Aufnahmen von einem lebenden Riesenkalmar sicherzustellen. Doch diesmal an der Wasseroberfläche. Sie hatten den weiblichen Kalmar in 600 Metern Tiefe mit einem Köder angelockt. Wieder verhakte sich der Kalmar und wurde an die Oberfläche und dann an Bord gezogen. Seine Verletzungen durch den Fang waren jedoch derart schwer, dass er an Bord starb. Die Größe dieses Tieres wurde nicht exakt angegeben. Es wurde eine Länge zwischen drei und sieben Metern genannt.

Vor acht Jahren bargen spanische Meeresbiologen drei Riesenkalmare an der Nordküste Spaniens. Zwei von ihnen waren noch am Leben. Ein Exemplar war elf Meter lang und wog 140 kg.

In Tasmanien fand man Berichten zur Folge im Jahr 2007 einen Riesenkalmar, der tot an Land gespült

war. Er hatte eine Länge - Mantel und Tentakel - von 8 Metern und eine Mantellänge von 2 Metern.
Auch im Golf von Mexiko wurde im Jahr 2009 ein Riesenkalmar mit einem Gewicht von 50 kg und einer Länge von 6 Metern gefangen. Ein reiner Zufallsfang, denn die Wissenschaftler wollten auf 1500 Metern Tiefe, Tiefseefische fangen. Das Tier überlebte das Einholen der Angel nicht.

Meine Recherchen über Funde von Riesenkraken und Riesenkalmaren in der heutigen Zeit, möchte ich mit der Meldung abschließen, dass man im Pazifik auch Pottwale sichtete, die noch Kalmarreste im Maul hatten und jüngeren Walen das Fressen von Riesenkalmaren vorführten, eine richtige Lehrvorführung.

Sie haben sicherlich erkannt, dass in der heutigen Zeit realistische Darstellungen von Riesenkraken und Riesenkalmaren überwiegen und unsere fantasiereichen Vorstellungen nur noch den Lebensraum dieser Tiere berühren und wir immer noch rätseln, wie sie dort in der Tiefsee leben.
Es ist schon so, was wir nicht wissen, macht uns neugierig. Albert Einstein prägte einmal folgenden klugen Gedanken: Er sagte:
„Fantasien sind wichtiger als Wissen, denn Wissen ist begrenzt“.
Aus eigener Erfahrung weiß ich, dass zur Lösung wichtiger und bedeutender Aufgaben und auch zur

Beseitigung schwieriger Probleme immer eine Portion Fantasie gehört. Fantasien treiben das Wissen voran. Unsere Hochseefischerkapitäne mussten oftmals ihre Fantasie, gepaart mit klugen Gedanken und Wissen anwenden, wenn sie mit ihren riesengroßen Netzen den Fischen nachjagten oder eine Fischerei in ganz unbekannten Gebieten aufnahmen. Ebenso musste man schon eine gute Fantasie mitbringen, wenn Biologen und Fangleiter den Einsatz ganzer Flottillen in unbekannte Gebiete organisierten.

Fantasie und Wirklichkeit liegen meiner Meinung nach sehr eng beieinander.

Mögen uns unsere Fantasien weiter bei der Erforschung des Lebens der Riesenkraken und Riesenkalmare vorantragen und Licht in das heute noch vorhandene Dunkel bringen, uns die Wirklichkeit erkennen lassen.

Nachgesang

Nun ist wieder Ruhe eingetreten, das Buch ist abgeschlossen.
Mit diesem Buch habe ich einen anderen, neuen Weg beschritten. Es ist kein Porträt, es ist, wie Sie festgestellt haben, eine interessante Geschichte über Riesenkraken, verknüpft mit Informationen über diese wenig bekannten Meeresbewohner. Die Geschichte stammt noch aus DDR-Zeiten. Leider hatte ich nur wenige Bilder, die ich verwenden durfte. Es wäre sicherlich mit weiteren Bildern aufschlußreicher geworden. Trotzdem bin ich mir sicher, dass ich mit diesem Buch viele neugierige Leser erreichen werde. Die Lebensweise und das Verhalten der Fische und anderer Meeresbewohner hat mich schon immer beschäftigt und diese Neugierde gehörte eigentlich zu meiner früheren Arbeitsaufgabe. Auch bei einem weiteren Buch wird es um Fische, um Heringe gehen. Bei ihrer Wanderung von Island bis zum Laichen an der norwegischen Küste überstehen sie vielfältige Gefahren und müssen sich immer wieder der Umwelt erwehren. Ich möchte bei dieser Arbeit, dass sie die Hochseefischerei einmal aus einer anderen Perspektive erleben. Urban, der Heringskönig und sein Heringsvolk werden ihnen einen Einblick in das Leben, in ihr Leben geben. Sie werden sehen, auch den Heringen muss eine ganze Portion Intelligenz zugeordnet werden, denn sie überlisten so manchen

alten Fischersmann. Sie sehen, eine gewisse Bindung zur Rostocker Hochseefischerei wird es bei mir immer geben.
Für die Arbeit und Hilfe bei der Fertigstellung und Gestaltung dieses Buches möchte ich mich ganz lieb bei meiner Tochter Elisa bedanken.
Geholfen hat mir bei diesem Buch der Grafiker und Maler Hans Richter, ein alter Kollege. Er sagte sofort zu, als er die Geschichte gelesen hatte. Doch er musste noch einmal zum Pinsel, zum Stift greifen, weil meine Tochte noch andere Wünsche hatte. Vielen Dank für die Geduld und Mühe, es hat sich gelohnt. Auch unser Kollege Falk Ubel steuerte einige Bilder bei, die er selbst in der Fischerei vor Mauretanien aufgenommen hatte. Ich bedanke mich herzlich. Bedanken möchte ich mich ebenfalls bei Frau Brigitte Ziegner. Sie las Korrektur und gab mir so manchen guten Rat. Nicht zuletzt ein liebes Dankeschön an meine Frau, die wie immer kritisch meine Schreiberei begleitete.

Ich hoffe, sie hatten Spaß und Freude beim Lesen.

Ihr Günther Kröger

Über den Autor:

Günther Kröger wurde 1936 in einem kleinen Dorf Tarnow in Mecklenburg geboren.
Nach seiner Schulausbildung erlernte er den Fischerberuf im Fischkombinat Saßnitz.
Danach wechselte er in das Fischkombinat Rostock und fuhr als Matrose, Netzmacher und Bestmann in der Flotte. Er besuchte die Seefahrtsschule in Wustrow und Warnemünde und erwarb das Zeugnis als Kapitän in Großer Hochseefischerei.
Nach einer Fahrzeit als Steuermann erhielt er sein Kapitänspatent.
Wegen eines Augenleidens blieb er seit 1963 an Land, machte jedoch immer wieder Reisen als Instrukteurkapitän, Fangleiter See und Expeditionsleiter. Zuvor war er drei Jahre Produktionsleiter auf dem ersten Verarbeitungsschiff „Bertolt Brecht“ und auf der „Martin Andersen Nexö“.
An Land arbeitete er als Fangleiter, Bereichsleiter Flotte, als Fangdirektor und er war 5 Jahre Betriebsdirektor in der Rostocker Hochseefischerei.
1988 ging er als Betriebsdirektor eines Fischverarbeitungsbetriebes ins Vogtland, wo er heute noch als Rentner lebt.

Im Februar 2009 gründete der Autor einen eigenen Verlag.
Der „Unsfisch – Verlag“ erhält Unterstützung von seiner Tochter, Elisa Kröger, bei der Gestaltung der Bücher.

Weitere Veröffentlichungen:

„Warnemünder Geschichten mit
Karli und Hein“ (Kinderbuch)
Scheunen-Verlag

„Leuchttürme in Meck-Pomm“
B+S-Verlag

„Hochseefischer, Menschen
ganz besonderer Art“
Scheunen-Verlag

„In Kuba und Mosambik im Auftrag
der Rostocker Hochseefischerei“
Unsfisch-Verlag

„Auf Loggern, Trawlern und Fabrikschiffen
in der Rostocker Hochseefischerei“
Unsfisch-Verlag

„Rostocker Fischereischiffe und
ihr Heimathafen Rostock-Marienehe“
Unsfisch-Verlag